財富自由的整理鍊金術

斷捨離變身金錢魔法,
打造心靈 × 空間 × 時間 × 財務自由人生!

整理鍊金術師 小印 ——— 著

推薦序（一）

內在整理、空間整理、金錢整理，是人人應該學習的課題

何安蒔（藝收納居家整理顧問）

認識小印，是在二〇一八年專業整理師培訓的課堂上。

還記得在最後一堂課，我詢問每一位學員的特殊專長與未來發展方向時，她說自己很擅長販售二手物品，當時就覺得這個女孩好特別，對她留下了深刻印象。據我所知，在當年整理師還為數不多的時候，能夠結合到府收納與斷捨離物品代售服務的人十分稀少。這樣的配套不僅能讓委託人更快速且心甘情願地做取捨，也因有代售的配套服務，讓大部分被捨棄的物品有了新的去處。

如今看到她將兩者結合得更為成熟，甚至發展出金錢整理與提供理財諮詢。在二〇二二年的今天，她能夠有這樣的成就，以此為主題開線上課程並出版了第一本書，我一點也不意外！

特別喜歡本書中所提到的時間成本與空間成本，這兩者是大部分的人比較少想到的隱形支出。無論是浪費時間在無意義的事情上，或是因促銷折扣大量囤積生活用品反而佔據居家空間，其實都會讓人在不自覺的情況下變「窮」。要如何計算出最符合自己與家人最大利益的生活方式，你都能在這本書裡找到答案。

另外，看到關於〈緊急預備金〉這一章節時，也特別有感覺。尤其是這兩年在經歷全球疫情之後，多數人的生活與經濟狀況都收到了不同程度的影響。連我自己也是，不僅許多工作被迫延期取消，還同時面臨家中毛孩子生病，讓每個月不在計劃中的開銷硬是多了約兩萬元。面臨收入減少與支出大增的雙重打擊，要不是在幾年前早已有理財和儲蓄的習慣，日子真的會很難過下去。

我認為，在這個物質氾濫、全球經濟變化過快，以及人心容易焦躁的時代，內在整理、空間整理、金錢整理都是人人應該學習的課題。《財富自由的整理鍊金術》這本書，從作者闡述自己如何從購物狂走向斷捨離一途，到給予一些收納整理的觀念與技巧，再到最精采的財務知識與運用，讀者都能強烈感受到作者的用心，一氣呵成看到最後，使人意猶未盡。

很喜歡最後的溫暖結語：「如果因為害怕或沒自信就不去行動，人生不會有任何改變……祝福你我在這世上，都能成就自己想要的人生。」

推薦序（二）

看似減法的整理術，原來是乘法！

愛瑞克（《內在原力》作者、TMBA共同創辦人）

本書讓我有深深的共鳴！金融業出身的我，最喜歡蒐集領帶、襯衫、袖扣，幾乎看到喜歡的就買，買到遠超出自己所需數量的十倍以上……直到我從金融業裸退，發覺這些東西對我來說已經派不上半點用途，才開始找好友或學弟們來挑選，喜歡就讓他們帶走，花了兩年時間才慢慢把衣櫥縮減到兩櫃；去年再斷捨離一次，現在僅剩下一櫃。先不論細項，光是沒有被認領而丟進舊衣回收箱的西裝，就有近十套！

在漫長的整理過程中，我接觸了不少人，發覺幾乎每個人都有購物慾望，差別只是買的東西不同。隨著我們的年齡、生活環境改變，心態也會轉變，會不斷有過去的東西，變得不再適用於新的生活；也會體認到：我們真正需要的，其實並沒有那麼多。如作者所說：「當你看完書開始整理後，你會發現自己什麼也不用買——因為你擁有的已經太多了。我們都曾經以為，東西就是要愈多愈好；但當你背負太多物品，人生反而會失去自由。唯有知道你真正要的人生樣貌，才能提高你的人生自由度。」

斷捨離的觀念很簡單，很多人在實踐上卻成效不彰。若僅處理手上的物品，那只是「果」，卻沒有根治「因」——因為導致亂買的深層原因，通常是來自原生家庭或成長背景的某些歷程所造成的心理現象，根植於潛意識中；如果不去深掘出來、連根拔起，就有如野草，春風吹又生是必然。此書正是幫助讀者找出「因」，從「因」下手根除亂買的習慣，達到永除後患！

本書更具價值之處，在於作者累積大量幫助他人整理、斷捨離的經驗，並將其歸納於書中，提供了簡單又方便可行的做法。透過本書，可以在日常中養成許多好習慣（不論是金錢、時間或空間的運用），而這些習慣彼此又有加乘效果，能幫助讀者加速達到心靈×空間×時間×財務自由人生！我很認同這些方法與習慣，因為有許多我也親身實踐，是讓我能同時擔任作家、閱讀推廣者、一年上百場演講的講師，而且還能一年閱讀一千本書籍的關鍵所在。

最後，我非常喜歡作者所說：「斷捨離拯救了我，我用它拯救世界。」若您也因為此書而從斷捨離中獲得救贖，進而縮短達成財務自由所需的時間，那麼也希望您加入幫助其他人的行列——將此書推薦給更多朋友們知道。

願原力與你同在！

作者序

斷捨離拯救了我，我用它拯救世界

二〇一六年八月的某一晚，交往四年多的男友向我提了分手，我的世界自此改變。

花了幾天宣洩難過的情緒後，我才想起：當初因為家裡反對的關係，我將平日蒐藏的大量公仔都寄放在他家，這些物品必須拿回來才行；然而環顧家中，我才發現自己根本沒有多餘的空間，上百件全新服飾跟其他物品早就把家裡堆得滿滿的。

事出緊急，我趕忙把東西都拍照上傳到臉書供朋友索取，一個禮拜內就送掉了好幾大箱的衣服，才終於清出放置公仔的區域。接下來就是叫貨車把我的公仔蒐藏通通載回家。一箱又一箱的公仔被運回家後，只能沿著牆壁堆高放置，甚至塞到神桌底下，只留下可以出入的通道。這不但造成視覺跟心理上的壓迫，也讓家人對我相當不諒解，尤其是我爸。有天他突然忍無可忍，衝到客廳對我大吼：「妳帶著這些垃圾滾出我的房子！

我不管妳去哪裡，妳給我滾出去！」

情傷未癒的我當下錯愕又震驚。但當時的我剛失戀，那些東西無處可去，我也沒有鬧脾氣的本錢。在騎虎難下的情況下，我被迫開始長達兩年的大量斷捨離。

一開始我先從朋友圈下手，將一小部分公仔的照片放上臉書相簿，把我的上百個玩具蒐藏公諸於世。數量之多，讓不少朋友大為震驚。有些朋友幫忙收購了我一小部分的絕版珍品，還有位公仔圈的朋友曉親知道我的狀況，便熱心地拉我參加各種玩具市集，也讓我開啟了靠販賣東西斷捨離的擺攤人生。

攤位位置大小有限，如果主辦單位許可，我有時會租到兩個攤位，希望可以一次賣掉多一點東西。我既不會騎車也不會開車，只能一個人拎著大包小包，再推著一兩個行李箱，坐公車、轉捷運，舟車勞頓地前往市集地點。有時會遇到好心的朋友願意載我一程，這時我就會把東西拼命往車上塞，希望能多賣一點是一點，但有時又會陷入自己一個人可能會帶不回來的窘境。

雖然我原本就有參加衣物二手市集的經驗，賣東西時並不會怯場；但一開始帶著一大堆賣剩的公仔回家時，我都會忍不住掉下眼淚，覺得自己怎麼這麼傻，買一堆東西來讓自己瞎忙？這樣的日子還要多久才結束？那時只覺得我的人生好像停止了轉動。而且擺攤的名額是需要搶的，只能算是一個非日常的販售管道。下班後或沒攤可擺的假日，我幾乎每天都待在家忙著整理、拍照、上架到網路，只盼能早日恢復正常生活。

因為攤位上的玩具數量驚人，有時也會招來異樣的眼光，被人嘲笑怎麼這麼敗家？也會有人誤以為我是開玩具店的賣家，跟我要名片，想找一天到我店裡好好尋寶。雖然過程辛苦，但我也交到一些朋友，還被市集上認識的隔壁攤友找去打了幾次工。前前後後，我兩年擺了十次攤，加上其他幾十種管道，才終於把我的公仔處理完畢。

我原本只是想透過斷捨離公仔來應付我爸，不過從中回收金錢後，就越賣越有心得。我開始巡視自己的所有物品，想要把用不到的都賣掉，不讓自己被過多的物品困住。在雅虎拍賣剛進軍臺灣時，才高一的我就用存款買了一臺數位相機，開始拍賣自己的二手物，或是進貨銷售賺取價差。累積了長達十多年的拍賣經驗後，賣東西對我來說駕輕就熟。個性念舊惜物的我，還留著很多從嬰兒時期放到現在的東西；而因為多年來經營不同副業，也囤積了數量可觀的工具和庫存。家裡光我一個人的東西，居然就高達上萬件！於是我在兩年內嘗試了實體跟非實體幾十種管道，斷捨離了上萬件物品。

最後，我幾乎斷捨離了自己九成以上的物品：光是公仔就賣了二十幾萬、二手衣五萬、美甲物品五萬、二手書跟漫畫十幾萬，以及各式雜物五萬以上。我從物品中回收的金額最終高達五十萬，足足有半桶金之多。

事後回想，我真心覺得自己被「販售二手」跟「斷捨離」所拯救。這讓我沒時間再為情傷糾結；而在我斷捨離時，也透過探索自己跟物品之間的關係，發現了這和原生家庭的密切相關性，進而開始探索自己跟原生家庭之間的關係。

我曾在《直擊本質的思考力》這本書中看到一句話，很符合我當時的心境。它寫道：**「是什麼曾經拯救過你，你最好就試著用它來拯救這個世界。」**[1] 斷捨離的過程中，我也清楚體認到：物品過多，只會讓自己陷入無謂的煩惱。我喜歡推廣自己喜歡的事物，所以我遇到朋友就開始傳教，告訴他們透過販售二手斷捨離，以及少物的美好。我之所以進一步開設臉書粉絲專頁，就是想讓更多人知道這些事。

印象深刻的是，有位朋友跟我聊到生小孩後總是入不敷出，我便教她如何透過販售二手，來斷捨離用不到的東西。她後來用販售二手的錢幫家裡換了一張大沙發，全家人都很開心。這次的經驗讓我發現：我的能力跟經驗可以用來幫助別人，也因此讓我產生了成就感跟使命感，想要以此為業。

至於金錢整理（財務規劃），也是我在斷捨離期間發現的另一份有熱情的工作。我在斷捨離時一邊進修投資理財。以斷捨離為契機轉變成低物欲，讓我提高存款率，加上販售二手跟副業的收入，讓我擁有了購入生息資產的資金，在短短三年內就達到了財富自由。

我原本就知道日本有整理相關的行業，所以便結合「整理」「販售二手」及「金錢整理」，變成「整理鍊金術師」這個個人品牌，教導人們如何透過整理來鍊金，讓人越整理、越豐盛，展開自由人生。

經營整理鍊金術師以來，雖然其中三年我因為白天有正職，時間有限；但我依舊在下班及休假日之餘，透過到府或視訊教導了上百戶家庭。我幫助學員調整生活動線，平衡與物品之間的關係，或是透過口頭引導，讓學員發現斷捨離上的盲點，進而擁抱整齊以及有效率的生活。

同時，我透過線上教學，一對一手把手教會一百多位學員學會販售二手，這其中不乏有多年賣二手經驗的老手。**透過有系統的販售二手的技能，九成以上的學員都能從不用的雜物堆中，回收學費的兩倍到十倍以上的金額，售出總價超過上百萬元，也讓上萬件的物品都有新的歸處**。很多學員也跟我反映：透過販售，會比以前直接丟掉還讓人有意願斷捨離，甚至減少物欲，再也不會衝動消費。

另外，我也透過「代客販售」這項服務，協助北中南的客戶獲得上百萬元的銷售收入；也曾經在半年內來回臺北臺中，幫一位客戶整理並賣掉超過一個倉庫的物品，回收了超過六十萬的金額。

去年，我受到線上平臺邀請，開設了「整理鍊金術—抓出金錢漏洞，打造存錢體質，拉近與財務自由的距離」線上課程，教導學員如何從心整理到空間，從空間整理到金錢，由內而外皆富足。截至目前已經有將近三百位學員報名，學員們除了開始整理家裡以外，也逐步建立起自己的財務系統。

在金錢整理（財務規劃）諮詢部分，我也協助了超過百位學員釐清自己的財務目標，建立財務規劃的正確知識。其中也不乏有學員透過我為他做的完整財務規劃，圓了買房夢、儲備緊急備用金、為退休金而開始定期定額投資，或是穩定還款中等等。

帶著環保跟助人的理念，我開始協助曾經跟我一樣被混亂生活所困、被大量雜物所包圍的人。藉由幫助人透過整理心靈、空間、財務，目前的我已是全職的自由工作者、創業者、工作室負責人，持續走在助人達到自由人生的道路上。

寫在前面

你不知道的是，自己已經擁有太多

我寫下這本書的目的，是希望可以影響更多人，讓大家擺脫無謂的物欲，擁抱豐盛又自由的人生。我會分享我的經驗，讓你知道我是如何透過整理物品跟自我後，從購物狂人生及物欲中解放，找回自己人生的掌控權，進而達到財富自由。

當你看完書開始整理後，你會發現自己**什麼也不用買——因為你擁有的已經太多了。**我們都曾經以為，東西就是要越多越好；但當你背負太多物品，人生反而會失去自由。**唯有知道你真正要的人生樣貌，才能提高你的人生自由度。**

本書分成四個章節：

第一章是**「從超級購物狂到整理鍊金術師」**。

我將會與你分享那些購物欲跟金錢觀是從何而來，以及我是如何透過販售二手整理物品，以及整理金錢，最終找到人生目標跟財務目標。

走過整個整理的階段，達到簡單生活以及財富自由後，最重要的就是**「以終為始」**。因為當你知道自己要去哪裡，才知道要怎麼排計劃、往哪個方向前進。在每個環節都盡力去完成，達成每個小目標，才能讓你達到最終的大目標。

第二章是**「踏出財富自由第一步：心靈自由」**。

每個想要的背後都代表著一個正向動機，唯有發現那個正向動機的源頭，才有辦法改變潛意識裡愛購物的習性。而這常與塑造我們人格的原生家庭或成長背景有關。

此外，我遇到不少學員開始整理後，就會看家人的物品不順眼，或是希望家人也能感受到整理的美好，並因為家人不聽從建議整理而在心裡過不去。在這一章我也會告訴你：**「幫」別人斷捨離前要先弄清界線，顧好自己**。

透過整理物品，學習清楚劃分人我之間的界線，能讓你在人生的其他面向減少許多煩惱。

如同心理學大師阿德勒所說：「人類所有的煩惱，都源自於人際關係。」[2]當你滿足於自己擁有的，將目光放在對自己最重要的目標、讓自己成長，你就容易感到快樂且知足，獲得心靈上的自由。

第三章是**「財富自由，其實就是時間自由」**。

多數來找我做財務諮詢的學員都想要財富自由，但協助他往下探索，他才知道原來自己真正想要的是可以隨時做自己想做的事——也就是時間自由。

如果好好記錄你將時間花費在哪裡，除了工作以外，也許你會發現自己有很多時間都在看社群、追劇、做家務或是看網拍。並不是說以上活動不好，而是花大多數時間做這些事，會讓你成為自己想要成為的人嗎？

透過整理，可以大幅減少你在家務以及網拍上耗費的時間，提升專注力，進而縮短完成每件事情的時間。不愛整理的我也因此每天多出超過五個小時的自由時間，讓我一邊維持正職，一邊販售二手來斷捨離，還能一邊透過學習提升自己，並經營個人品牌。

時間其實是比金錢更重要的資產，你應該要先從「讓自己擁有更多自由的時間」下手。就算資產還沒累積到讓你財富自由，你依舊可以透過「整理」讓自己的時間自由，去做更多累積自己、讓未來變得更美好的事。

第四章是**「縮短與財富自由的距離」**。

「整理」搭配「理財」，可以大大提高達成財富自由的效率。開始斷捨離後，我透過整理物品了解購物背後的真正原因，並重新定位「需要的物品」有哪些，自然減少不必要的物欲。

以失戀為契機，我開始重視「退休金」議題，開始整理手邊的金錢資產，重新認識到「複利」和「通膨」的概念，並將其融於「用販售二手來斷捨離」的心法，讓我捨去更多物品，再也不亂買。

這樣的歷程幫助我提高儲蓄率，**讓我這兩三年存的錢，比過往二十年存的還要多**。

最重要的是算出讓自己財富自由的數字，每一年每一個月都訂好儲蓄計劃，而不是「有存就好」。有明確目標的儲蓄，讓我一年比一年更接近財富自由，最後更因為年支出減少，提早數年達成目標。

透過逐一實現「心靈自由」「時間自由」「財務自由」，你將得到最終的「財富自由」。這完全不需要靠富爸爸——你只需要起身，開始有意識地整理自己的物品。

短時間內可能還看不出成效，但最終串聯在一起，形成飛輪效應跟複利效應，就能累積到足以財富自由的資產，過上理想的生活。例如在家工作，以及擁有大量的閱讀跟學習時間，就是我的理想生活。

斷捨離不但讓我實現了成為作家與講師的夢想，甚至讓我擁有被動收入、達成財富自由——我相信你也可以做得到。人生起起落落，萬一你適逢人生低谷，接下來就是要往上攀升的時候了。永遠不要放棄成為更好的自己，因為你不該小看未來會擁有何種可能。

目錄

Ch.1 從超級購物狂到整理鍊金術師

Ch.2

踏出財富自由第一步：心靈自由

Ch.3

財富自由，其實就是時間自由

Ch.4 縮短與財富自由的距離

Chapter.1

從超級購物狂到
整理鍊金術師

1-1 購物狂的誕生

「我到底為什麼會那麼喜歡買衣服，買到同時有六百多件那麼多？」這是斷捨離期間，我一直反覆自問的問題。

對於衣服，我從小很被動，完全沒有愛美的主見跟審美觀。在上高中以前，我的衣服都是媽媽從菜市場買的，書呆子如我對於買衣服這件事總是興趣缺缺，只把眼光放在課業跟閱讀上，我想很多人應該都跟我一樣。

直到上大學後，每天都要穿便服，我才開始認真想打扮自己。找到打工後，從小沒有零用錢的我，每個月終於有了幾千元的微薄收入，才開始學著自己買衣服。

當時網拍興盛，沒自信在店面選購衣物的我，一腳踏入穿搭新手友善的網購跟合購世界。因為不了解自己適合什麼風格，我開始了長達十多年的付學費試錯學習之路。

這也是許多人之所以買網拍不手軟的原因：不喜歡自己，藉由買衣服實現成為他人的心願；但買回家後往往發現風格不搭、尺寸不對，或者是臉不對……就像高個的我羨慕小個子女生嬌小可愛，於是長年看嬌小的網拍麻豆照片買衣服，但實際買到的衣服的尺寸都過短、過小不適合我；過程中繳了很多學費，買了不適合的物品，卻又因為念舊惜物而難以捨棄。後來我又進了一個更大的坑，那就是「日貨連線」。

購物狂生活：下標・合購・特賣會

當年蔚為風潮的日貨連線是由專門採購日本品牌的賣家飛去日本，白天選貨、晚上拍照，然後在深夜時上架到拍賣平臺。買家就憑著賣家的穿搭自拍照，跟微不足道的資訊，來考慮到底要不要下標。

賣家會透過下標數量來追貨，不見得每一個想買的人都有貨，只要看到想要的衣服就得趕快下標留言，不然可能就沒你的份。所以完全沒有機會向賣家細問尺寸、要求更多照片，更不用說什麼先冷靜幾天再看看。大家都在腎上腺素噴發的狀態下搶購，而且因為時間點在深夜，也不會有任何人阻止你，大家都像著了魔一樣瘋狂刷新頁面，想在最快時間搶標。

最可怕的是，即使你本來不打算買某件衣服，也會因為看到下標數瞬間飆破一百、兩三百次，而跟著別人一起手滑下標。即使只是一般網拍，如果看到賣出數量驚人，相信人人都會有這種衝動。

在這樣資訊不足、衝動爆表，人人都殺紅了眼的情況下，更容易買到不適合自己的衣服。但因為日貨連線實在比在當地購買便宜許多（很強的日貨賣家還會跟品牌簽約，變成經銷商），所以大家即使買到不適合的衣服，也還是甘之如飴，要不就堆在家中衣櫥，要不就是上網轉賣或交換。

因為下標並不代表會買到，所以我有時會抱持消除購物欲的僥倖心態，等到有幾百人下標後再下標，想說反正也不一定有；結果偏偏賣家有追到貨，導致花了比預期更多的錢。在我出社會後，只要跟著連線幾天，就會花掉足足兩個月的薪水……而已經網購成癮的我，除了日貨連線，也很喜歡一元起標的快感，鞋子、衣服、髮飾、包包，無一不標。我甚至還會標下尺寸分明不合的鞋子，萬一硬穿也無法合腳，就硬說服自己是買來蒐藏。而這些實際上不能穿的鞋子，往往幾年後就因為劣化而損壞了。

當時我下班後的興趣就是看開箱文和PTT的網購板跟合購板，不只自己買，還要揪朋友一起合購，每天花上大把時間看網拍跟下標。郵差三天兩頭上門送包裹（當時還沒有什麼店到店），頻率多到郵差都向我媽說很想看看我本人。

貪小便宜的我也很愛逛網拍賣家的特賣會，往往排隊兩小時也不嫌累，終於進場時自然就會認為「不買個十件怎麼對得起自己呢！」一次買個二十幾件牛仔褲、三十五件上衣、十五雙鞋子也只是剛好。我也愛買日本的各種福袋，覺得買到賺到！

當我帶著大批的特賣會戰利品或福袋回家，都會被我媽唸是在幫人家清庫存，當時我還反骨地想說：「妳懂什麼！這可是買一件賺兩件欸，多划算的事！」

但後來我才醒悟：**不要小看長輩的智慧，當他們覺得你在做浪費錢的事，其實你有很高的機率「是真的在浪費錢」。**

你的錢，其實沒有變成你想要的樣子

後來我開始從事日本代購的副業，才體會到「福袋就是垃圾袋」的真諦。賣不掉的東西，最後只能集中成一袋來賣，完全就是在清庫存。而這一路走來，我都有努力轉賣；但即使賣出了幾百件，每個月賣出的速度還是遠遠趕不上買入的速度。

最後，家裡的衣服越來越多，多到得收進大垃圾袋。我跟弟妹共用的臥室放不下，就一袋袋堆到爸媽的房間裡，再蔓延到客廳的神桌底下。房間有一座包包山，堆著幾十個全新的百元包包；家裡有一面白牆，也爬滿了我的鞋盒，儼然是倉庫的模樣。就算已經沒地方可放，只要錢包還有錢，我出門時一定不會空手而回；出國旅遊時，也往往會花上超過五萬的金額瘋狂血拼。

你也許聽過這句話：**「你的錢沒有不見，只是變成你想要的樣子。」**老實說，**我並沒有覺得這些衣服都是我想要的樣子**。到府整理教學時，我遇到不少人與我有著類似的成長經歷，也是長大後才開始摸索，並在這一路上都感到很迷惘。

就像《牧羊少年奇幻之旅》一樣，主角踏出故鄉追求夢想，一路上遭遇不少困境，最後在夢中得知：原來寶藏就在故鄉，離他最近的地方。當年讀到這的我還年輕，覺得被作者耍了，怎麼最後回到原點了呢？但現在重新讀來，覺得內有深意。我們往往向外求，最後花了不少時間、走了不少路，才發現一切的答案都在我們的心中。③

1-2 五個為什麼，在整理的同時探索內心

「五個為什麼」（5 WHY）是日本豐田汽車公司（TOYOTA）提出的提問法，透過多次的提問，找到問題背後的核心原因，才能對症下藥，從源頭改善。在斷捨離時，我也透過這個方法，來找出自己亂買的根源。④

前面的章節中提到，我是因為從小就沒有培養挑選衣服的能力，才會透過不停購買衣服填補沒自信的心靈黑洞。後來又在網路上陸續認識許多公仔圈的朋友，一頭栽進蒐藏公仔的坑。

當時的我很容易因為受到同儕影響或推坑就跟著買。加上跟其他剛出社會的朋友相比，我已經是工作了幾年的小主管，手頭上自然比較寬裕。看上眼的公仔我絕不會放過，就算一尊公仔要花上數千元我也毫不手軟。

突然有一天，我發現大事不妙：因為買公仔都是日本官方消息一出來，我就向玩具店預購，等到半年後正式上市時，才付全額。一開始喊＋1喊得很爽快，但我完全沒有記錄到底何時到貨，也不知道自己到底買了多少。等到店家通知貨到付款，才發現得一次拿出上萬；如果那個月正好買了幾萬元的日貨，等於一兩個月的薪水就沒了。

短短三四年間，我就買了破二十萬的公仔跟動漫周邊商品。家裡空間早就不敷使用，爸爸也極力反對我這樣的花費。還好，我當時結交的男友同是公仔迷，他希望我跟他一起繼續買，不要放棄，便提議將我買的公仔通通都放在他家——既不會占用我家空間，也省得被家人看到我亂花錢，我又隨時都能過去賞玩，簡直一石三鳥！

當時的我覺得這個提議真是太棒了，便一口答應。接著就是買了就放他家、買了就放他家，幾乎所有公仔都沒被拆封，甚至連公仔本身我都沒看過。因為在到貨後，男友就會直接幫我取貨放回他家。這導致跟他分手時，我必須出動兩臺貨車才能將這些蒐藏全數載回家。

我一再地亂花錢：大批全新的衣服、沒拆封甚至沒看過的公仔蒐藏，不管什麼東西，我喜歡就買，卻不知道為什麼而買。這兩者看似沒有關聯，但人的大腦就好比一座冰山，意識到的只是在水面上的一小塊，卻很少去探究水面下的一大塊潛意識。我從來沒思考過自己會這樣做的原因，後來才知道跟原生家庭有關。我便是透過「五個為什麼」自問，藉由探討自己跟物品的關係，才釐清了我的潛意識裡究竟在追求什麼。

第一個WHY

為什麼我這麼喜歡買衣服跟公仔呢？為什麼我這麼需要買這些物品呢？很多衣服根本沒穿過、公仔根本沒開過，都是全新的啊！

答：因為我沒有自信，需要藉由外物獲得他人肯定與認同。我不敢去實體店面，只敢買網拍。看著搭配好的美麗衣服，跟照片上模特兒充滿自信的模樣，讓我誤以為自己會因為買了這些衣服變得有自信。

不斷購買公仔，則讓我能夠融入一個團體中，藉由蒐藏量來獲得同儕的認同感。

第二個WHY

為什麼我會那麼沒自信呢？

答：因為爸爸雖然愛我，但他的教育方式過於嚴厲，從小到大常常開口只罵我，不罵弟妹，讓我內心覺得自己很沒用。我從小一直不斷追求肯定，努力用功考到前三名；但我無法掌控自己的外表，因為我不知道要怎麼穿搭，只好追尋別人的腳步。

第三個WHY

為什麼爸爸會常常責罵我呢？

答：因為他不愛我嗎？不對，其實爸爸在很多方面都表現出他對我的愛。從上學到上班，十幾年來都是他親自接送我，也每天幫我切水果……。

第四個WHY

為什麼愛我卻反而罵我呢？

答：因為他只會用這樣的教育方式對待小孩。

第五個WHY

為什麼只會用這樣的方式來對待孩子呢？

答：因為他的爸爸就是這樣對待他的，我爸其實也是這種教養方式的受害者，我爸爸的爸爸也是。以前的人沒有管道學習教養，只能用上一代的概念來教養下一代。

所以不是我不好，只是爸爸不知道該怎麼用正確的方式教養孩子，我其實還是被愛著的。當有這樣的覺察，我才終於可以與爸爸和解。當我思考這五個為什麼的原因，找到問題的根本，才終於能放下對爸爸的怨懟，重新接納自己是個被愛的孩子。

紀錄片《紅盒子》裡曾說過：每個人人生最重要的事，就是成為你自己⑤，我也終於可以放下對外追尋「討人喜歡」，往內追尋對自己真正重要的生活與人生。

同樣的，你也可以找個時間，一個人好好靜下來思考，透過這五個為什麼來分析自己的想法。從外在物品的整理到內心的梳理，這樣的過程可以幫助你發現物質並沒辦法填補內心的黑洞，只有對症下藥，才有辦法解開自己心中的結。

看著這些東西，往更深處探索自己：當初為何而買？為什麼一直丟不掉？大多數人其實都有購物盲點，當有了察覺，找到根本的原因，就不會再重蹈覆轍。

豐盛的整理練習（一）：探索內心的五個為什麼

第一個WHY

例：為什麼我會這麼喜歡買＿＿＿＿＿？

空格處可以填入一種物品種類，一一深入探討。像是衣服、書、孩子的玩具、保養品、彩妝品等等。

答：因為我＿＿＿＿＿＿＿＿＿＿。

你不妨思考：驅動你一直買下這樣物品的心理原因是什麼？當你購買後，你會得到什麼樣的感覺？安全感？自信？還是其他感覺呢？

目前我遇到多數人的狀況，原因不外乎以下幾點：

- 沒自信：可能是因為想成為有自信的人，直覺就從外表著手，導致買下過多的彩妝或衣服。
- 少了就沒安全感：會囤積過多的庫存，超過一年都用不完。
- 覺得永遠少一件：匱乏感，小時候想要某類的物品沒有得到滿足。
- 想要尋求普世價值或親友的認同感與肯定：覺得買了這個，在親友圈中比較有面子；跟團一起購買才合群，不想被討厭或排擠；覺得自己這樣才是個成功的爸爸、媽媽、社會人士……心中可能存在既定的人物設定。
- 補償心態：像是忙碌的職場父母不太有時間陪伴孩子，就有可能會買給孩子過多的玩具，以消除自己無法陪伴的愧疚感。
- 怕落後失敗：可能會購買太多書或是課程，感到知識焦慮，但沒有往內思考：自己現在真正需要的知識到底是什麼？

以上的原因並不是絕對，你可以依照自己的狀況來思考。

例：為什麼我會這麼喜歡買孩子的玩具？

因為我經常得加班，回家後孩子都睡了，沒有什麼時間陪伴他，心中覺得有愧疚感。但我希望他可以快樂，看到玩具就想到爸爸／媽媽其實是疼愛他的，所以一不小心就買了過多的玩具給孩子。

第二個WHY

為什麼＿＿＿＿＿＿＿＿＿＿＿＿＿＿＿＿＿＿？

這邊可以填入上一題的答案，問自己為什麼會這樣想？你可以從過往的家庭經驗或求學經驗、人生的重大事件來回想。

答：因為＿＿＿＿＿＿＿＿＿＿＿＿＿＿＿＿＿＿。

例：為什麼會覺得有愧疚感？

因為我心中對好父母的定義是可以陪伴孩子成長，但我做不到。

第三個WHY

為什麼＿＿＿＿＿＿＿＿＿＿＿＿？

答：因為＿＿＿＿＿＿＿＿＿＿＿＿。

例：為什麼心中會有這樣的定義？

答：因為從小我爸媽就常常加班，我常一個人待在家，覺得很孤單。我曾經對自己說：如果我自己以後有小孩，一定會好好陪伴他們，不要像我父母一樣常常不在孩子身邊。

第四個WHY

為什麼＿＿＿＿＿＿＿＿＿＿＿＿＿＿＿＿＿＿？

答：因為＿＿＿＿＿＿＿＿＿＿＿＿＿＿＿＿＿＿。

例：為什麼爸媽常常加班，而不陪伴我？

答：因為他們必須賺錢養我跟弟弟。

第五個WHY

為什麼＿＿＿＿＿＿＿＿＿＿＿＿＿＿＿＿＿＿？

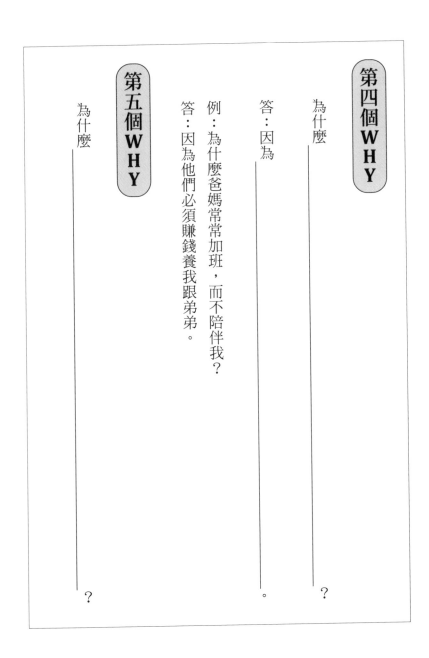

答：因為＿＿＿＿＿＿＿＿＿＿＿＿＿＿＿＿＿＿＿＿。

例：為什麼一定要靠加班賺錢，才能養我跟弟弟？

答：因為爸媽買了一個讓我們遮風避雨的家。當時的房貸其實讓他們經濟上負擔很重。但即使這樣，爸媽還是不捨得讓我們揹學貸，寧願咬牙苦撐，靠加班付清我們的學費。

結論：其實爸媽的愛都展現在讓我們從小衣食無缺上，我都有感受到。好父母的定義不該只侷限多常陪伴孩子。只要對孩子有愛，懂得把愛直接說出口，而不是像上一代那樣習慣把話藏在心裡，我想孩子就會知道我愛他。在可以的範圍裡儘量陪伴孩子，就再也不需要買這麼多玩具來證明我的愛。

備註　「五個為什麼」並非一定要提出五個，也不一定只能提出五個。只要能找出核心問題、提出解決方法，得以改善生活就可以了。

1-3 金錢整理的契機與改變

我原本是個購物狂，但以失戀為契機，開始透過販售二手來斷捨離，在兩年內從用不到的物品中回收了五十萬。相較於斷捨離的開始，是因為外在的空間不夠，金錢整理的起因，則是源自於內心的兩個恐懼：第一是害怕再遇到不適合的人，第二是害怕孤單終老。

這其實是很多人都會遇到的問題。非單身的你，在關係中是否曾有過金錢觀上的衝突？像是雙方運用金錢方式不同，覺得彼此購買及重視的物品浪費錢；或是婚後財務目標不同步，可能一個想買房，一個覺得只要租房就夠了。單身的你，是否也曾害怕有一天會孤獨終老？沒有兒女奉養，存款又不夠，只能靠著政府或社福機構單位救濟。在後面的章節中，我將帶你直面這兩個金錢整理上首先要釐清的問題，並與你分享我的經驗，也許這將會成為你開啟金錢整理的契機。

麵包VS愛情？你不可不重視的金錢觀

在一段關係中，最苦的事不是「貧賤夫妻百事哀」，而是相愛的兩個人的金錢觀完全不同。在繼續說下去之前，我想請你回答三個問題：

關於金錢觀的三個問題

1. 你覺得存錢重要嗎？
2. 如果覺得重要，那你有在存錢嗎？
3. 如果覺得重要，在進入一段關係前，你會先確認對方有沒有存錢習慣嗎？

不知道你的答案是什麼呢？每次我在講座上提到這三個問題，並請肯定答案的人舉手，舉手的人數就會隨著問題越變越少；到了最後一個問題時，往往只剩五位以下聽眾舉手。

我自己的答案是：我覺得存錢很重要，但我每次跟人交往前，都沒有先確認對方的金錢價值觀。我在交往第一年就發現前男友因為沒有做好收支管理，身上零存款。當時我非常痛苦，因為對我而言，沒有錢傍身我就沒有安全感；在這點上，我們完全不是同個世界的人。

當時我雖然第一時間就提了分手，但又自行挽回，用情緒勒索的方式要求對方每個月存錢；但他是自由工作者，沒有穩定收入，錢自然很難存下來。我們在一起的四年多，就像陷入流沙一樣，一路上分分合合。因為雙方的金錢價值觀存有巨大鴻溝，所以即使我們相愛，愛情還是因為價值觀不同而磨耗殆盡。我當時也曾因為這段關係，去尋求諮商師的協助，但諮商師告訴我，**我們無法勉強任何人改變——改變自己就已經很難了，更何況是改變他人呢？**

因此，我想告訴大家：在進入一段關係之前，你可以透過側面的觀察，或藉由討論各種新聞時事、朋友案例（借用我血淋淋的例子也可以）確認自己重視的價值觀，以觀察對方的價值觀是否與你相近。確認對方是否有自己無法接受的價值觀，再決定是否要進一步深入交往；而不是輕易進入關係後，才開始痛苦磨合。一旦貿然交往，想全身而退或改變對方是很難的。沉沒成本會害得你在感情中載浮載沉，難以脫困。

我也是直到失戀後，才有充分的空白時間思考：我在這段關係裡到底做錯了什麼？我今後到底要怎麼做，才能避免浪費時間在不適合的人身上呢？前提就是必須認識自己，知道自己重視對方擁有什麼樣的特質以及價值觀，才不會只是盲從普世的標準。就像我後來發現，薪資高低根本不重要，重點是用錢的價值觀，以及有沒有儲蓄的習慣，不然再高薪也可能是月光族。

回顧前面的三個問題，你的答案是什麼呢？如果你心中有明確的答案，我們不妨進到下一關：如何同理對方的金錢價值觀。

擁抱自己的金錢價值觀，並同理對方的

在我九歲那年過年，我爸一臉嚴肅地出現在房間裡，單獨對我說：「妳以後要自己存嫁妝錢結婚喔！我們家沒有錢，我以後不會幫妳出錢，妳從現在就要開始存喔！」

我現在可以理解爸爸的用意，無非是愛我，才希望我可以從小養成存錢的習慣。但這種類似恐嚇的方式，無意間讓年紀還小的我，產生了「對金錢的不安全感」。

當時我不懂爸爸的用心，只聽得懂字面的意思：「我家很窮。」當時我不知道所謂的嫁妝錢是什麼、多少才夠用，不過我當時的理解是：「這筆錢應該非常多，所以我才要從這麼小開始存，爸媽才會拿不出來。」「爸媽可能不愛我，才不願意幫我出這筆錢，我怎麼該在這個世界活下去？」「我要怎麼存到這筆錢？不然以後沒有人願意跟我結婚……」就這樣，我的潛意識裡盡是對金錢的不安全感、匱乏感，以及生存的壓力。

我從小就沒有零用錢，只有過年拿的紅包錢，以及考一百分時阿公會給我的五十元

獎學金。我在國小時，就會主動詢問媽媽工作的工廠有沒有機會打工，即使會亂花錢，我還是會存下我部分的收入；我努力讀書，因為這樣才能得到阿公或是外部的獎學金。回首過去，我做的很多努力，都是為了那所謂的「嫁妝錢」。

當我看到了自己對金錢的不安全感，我並不急著否認它、改善它，而是靜靜地站著，面對它。我知道它帶給我的缺點，是讓我像瘋子一樣，將對金錢的不安全感一股腦地丟到前男友身上，並且逼他負起讓我快樂、讓我感到安全的責任。如果他不存錢，就是他的錯，是他讓我痛苦；這也成了導致我這段感情觸礁的原因。

但事情都有正反兩面，這份不安的存在並非全無優點。當我因為金錢的不安全感焦慮時，它同時也帶給我未雨綢繆的觀念。對金錢的不安全感保護了我，讓我在長大後就算因為內心匱乏跟沒自信，而成為了一個用物質餵食自己內心黑洞的購物狂，還是一面照著能讓自己感到安全的步調，隨時有錢可以傍身，也奠下日後財富自由的基石。

我抱了抱它，告訴它：「金錢的不安全感，謝謝你，我知道你在這裡。**現在我知道，**

自己的不安全感要靠自己想辦法安撫。如果像一隻飢渴的獸一樣，一直要別人對自己的不安全感負責，最終不管跟誰在一起、不管到哪裡，都不會幸福。」

我也了解到這其實不全是前男友的問題，他只是因循原生家庭的模式，過著無錢一身輕的日子。所以突然有個人開始逼他存錢，一定會讓他覺得很莫名其妙，甚至感到痛苦吧。梳理到這邊，我放下了我跟他之間的糾葛，認清了沒有誰對誰錯，我們單純只是不適合。

你是否也有類似的經驗呢？交往後才發現對方的金錢觀跟自己大相逕庭，最後慘澹分手；或是在感情上跌跌撞撞，一直找不到合適的人？這時候我們可以先停下來往外求，先追本溯源，好好認識自己。

我認為，「金錢整理」不是只限於整理實際的金錢跟帳戶，算出自己擁有多少錢而已。更重要的是認識自己的金錢價值觀從何而來，從成長歷程或工作經歷找出影響自己金錢觀的原因。

當你清楚看到它的真實模樣，就可以從中找到優點以及缺點，再選擇接納自己，或是將其調整成自己想要的模樣。當我們認識自己，知道什麼是自己想要的，也才終於有屬於自己的判斷基準，能夠找到不需要磨合、價值觀相近的伴侶。

害怕孤單終老？你該正視退休金

幾年前失戀的時候，我相當悲觀，覺得自己在這個世界上孤身一人。再加上當時和家人陷入對立狀態，差點被趕出家門，也讓我深深體會到：唯有讓自己的經濟獨立，才有辦法在逆境下過上自己想過的生活。

我自問：「要怎樣做才能經濟獨立，就算到死也能活得自在，不需要看任何人的臉色過日子呢？」並隨即想到，我需要一大筆錢，一筆足以讓我支撐從六十五歲退休到老死的花費——也就是「退休金」。這時我才終於把目光從「嫁妝錢」轉移到「退休金」。從來搞不清楚勞退跟勞保、對於勞保破產等相關新聞總是漠不關心的我，總算用自然人憑證上網查詢了我工作八年來的歷月提撥金額。

看到金額，讓我大吃一驚——為什麼我已經努力工作了八年，裡面才只有這麼點錢？甚至比我銀行帳戶的存款還要少！我繼而到勞保局試算我的退休金：如果我工作到六十歲，還剩下三十年可以努力；用預設值年年加薪3％，算出到時每月預計可以領到的勞工退休金，竟然也不到兩萬！原來我這輩子將青春歲月投身於工作，辛苦了三十多年，換來的卻只有每月不到兩萬的退休金……一個月不到兩萬元，夠用嗎？*

老實說，當時我並不知道這金額對於一個退休老人來說是否夠用；不過現在的我，光每月的花費（不包含房租）就已經來到一萬五上下。雖然不知道退休金需要多少錢，但我知道加上物價通膨，手中的錢購買力還會下降，每個月不到兩萬肯定不足以支撐屆時的生活花費。大多數人因為距離退休還很久，就跟三十歲以前的我一樣，壓根沒想過這件事的重要性，但現在你透過我知道了。希望你不要將這個「重要但不緊急」的事情，一直拖到屆臨退休才開始準備；因為等到它變成「重要又緊急」的時候，就為時已晚了。

* 之所以不計入勞保的老年給付，是因為勞保可能會破產的風險。但勞退是雇主每月提撥的，每個人都有個人專戶。

但我們不能因為對未來退休金感到焦慮，就讓現在的生活過得很苦，而是要在兩者之間取得平衡，讓現在跟未來都有足夠的錢可以花，並善用時間複利，放大我們的資產。這部分在本書的第四章將會有更深入的講解。

以終為始，訂出人生目標跟財務目標

「大部分的人沒辦法得到自己想要的東西，最大的原因是他們不知道自己想要什麼。」（出自《有錢人和你想的不一樣》）⑥ 當我們清楚知道我們要什麼，就不會浪費時間跟金錢走錯路，可以聚焦所有資源，得到我們真心想要的事物。

這也就是以終為始的思考方式：先思考自己要怎樣的人生，再來決定達成的方法。當我們「以終為始」，才會開始思考，如果要過著這樣的退休生活，從現在開始需要做什麼準備？不管是健康、財富、工作技能、興趣、居住環境等等。我思考了自己想要的人生樣貌：我想過什麼的人生？物質生活充裕，還是心靈充裕？什麼樣的人生才會讓我覺得滿足？什麼能讓我真正快樂？以下是我整理的例子：

1. 我希望擁有自由的人生，不用看任何人的臉色過日子、不用因為物品太多而對搬家有所顧忌，我想要一個容易接受變動、說走就走的人生。熱愛工作的我，也想要自由嘗試不同的工作。

2. 我發現東西很多的時候會覺得被困住，對於人生的抉擇上，會變得相對保守，換工作、換屋、甚至是離婚分手都會覺得很麻煩。但當東西少，心態上會自動調頻到容易接受變動，人生會更自由。

3. 我的個性講求實用，生活中不需要擁有很多精美的物品。我唯一想要的，是讓腦中的知識越來越多，透過所知影響更多人，幫助他人改善人生。這樣的生活不會有太高的物欲，除了學費以外，也不會有太多日常支出；如此一來，也不需要太多收入。

4. 我想要常待在家閱讀、進修讓自己變得更好的課程，當被動收入累積到可支應支出時，我就想退休，全力去做我有興趣的事情。例如當個「全職學習者」，或是挑戰自己的能力，自由體驗不同的工作與人生選項，包括出書、開課等等。

5. 我是不擅長人際關係的內向者，不想要雇用員工，就算一人公司也能活得很快樂。

我思考了如果要滿足上述人生目標，需要做什麼財務準備，並得出了以下兩點：

1. 我本身累積的知識量要足以成為專家，才能出書跟開課。

2. 我的資產必須累積到一定程度，到能夠產生足以支應支出的被動收入，我才能退休跟不用擔心錢，去嘗試我想要做的每一件事。

於是我計算了需要多少錢才能財富自由。扣掉目前擁有的資產，設定出想達成的時間，再往前推算每年需要存多少錢，進而提出實際行動方案，計劃怎麼實現財務目標。

首先，我規定自己每月販售二手要達到一．五萬。除了維持斷捨離的動力，我也將這筆收入當作生活費，直接讓自己意識到：其實每個月用的錢，根本不需要那麼多。

第二，為了讓自己成為專家，我將大部分的支出從以前的購物支出，轉變成學習支出。我知道這是我的選擇，也是讓我未來可以更自由的籌碼與捷徑。

最後，我讓自己漸漸習慣不需要動用到正職的薪水來過活，儘量將大部分的正職薪水存下來。後來我一邊投資理財，一邊開始經營個人品牌，讓自己在賣完自己的二手物品後，仍能保有持續的收入。

正職年薪從未破百萬的我，透過正職、副業、斷捨離回收的金錢、投資收入，先達成了年收百萬，進而達到年存百萬。每一年我都訂下一個儲蓄目標，挑戰去年的自己，我有八成的資產都是存來的。本來預計四十歲退休的我，很快在降低物欲後的短短三年內，也就是二〇一九年，三十三歲就達到財富自由；我甚至也開始領養一個孩子，取之社會，回饋於社會。

二〇二一年，我決定從工作了近十三年的正職退休，專心從事我最熱愛的工作——整理鍊金術師。用收入來生活，然後資產繼續生息成長。透過這樣一連由內而外的金錢整理，以終為始訂出人生目標跟財務目標，以及行動方案，我達成了自己的理想人生。過程並不輕鬆，畢竟這條路上沒有人指引，只憑著心中對自由嚮往的堅持。

但就像一開始所說的，當你知道你真正想要什麼，你才會得到想要的生活。讓自己知道未來是什麼樣子，具體且清晰，這樣的未來讓你期待，也才有跡可循。

1-4 斷捨離絕佳方法：販售二手

「如果有人出錢跟你買這個物品，你願意賣嗎？」這是我在面對學員對於斷捨離感到猶豫不決時，會提出的必殺提問；因為我面對紀念品以外的所有的物品，也都會這樣問自己。

「販售二手」在我的生命歷程中跟「斷捨離」相輔相成，大大改變我的人生。這也是為何我開始開課教人如何有技巧地販售二手，無非是希望可以幫助曾經跟我一樣為雜物所苦的人，讓大家能夠順利斷捨離。

在斷捨離上萬件物品的期間，念舊惜物的我看了很多整理相關書籍，卻一直覺得有點不對勁：市面上很多整理書都在教人斷捨離，但卻沒有提到丟掉的東西該怎麼辦——因為這些書都是教授**「以人為本位」**，教你該怎麼選擇要留下的物品、該怎麼收納，將屋子打造成你夢想的空間。但甚少著墨這些物品該怎麼處理。

這時如果是念舊惜物的人，就會掛心不下，覺得東西還好好的，怎麼可以丟？也不忍心丟，就只好一直放在家裡，放到壞掉才心不甘情不願地丟掉。

不過當你知道這些物品都可以賣掉換錢，讓物品也找到新的主人，就會心甘情願放手。接下來我要告訴你，我跟家人、學員透過販售二手來斷捨離後，從中獲得的五個好處：

1. 幫塵封的物品找到適合的新主人，發揮它真正的價值

當初在我陷入窘境時，有朋友曾經建議我，應該將這些全新公仔跟周邊商品全數捐出，或是賤價做慈善拍賣，一口氣處理掉。但這些公仔的總價值那麼高，而這些錢都是我辛苦工作得來的，怎麼甘心直接免費送人呢？

一般公益單位不會知道它們的價值，低價售出或送人也不會被珍惜，只會引來貪小便宜者得手後轉賣。既然如此，我何不自己賣呢？況且這些公仔對於行家來說是蒐藏

品，**我相信願意花錢購買的人，才會是真正的伯樂。**

不管是上網販售或是擺市集，我都憑著一股對物品愛跟熱情，向買家仔細介紹，有時還會被誤以為是專業賣家。在販售二手的過程中，當我得到買家滿足的評價跟笑容、收到物品過得很好的照片，甚至是聽到買家開心地告訴我「找了好多年終於買到了！」這些經驗一再堅定我繼續為物品找新主人的心。

後來成為整理鍊金術師，在幫客戶代售的時候，也發生了一件很暖心的事。

有個客戶放在倉庫多年的米奇兒童後背包，雖然全新，價格又很超值，但一連賣了近半年都無人聞問，連我替它感到委屈。但突然有一天，有位女性客戶決定買下它，並跟我分享她購入的原因：她的姐姐有買一個一模一樣的米奇包包給大兒子，後來小兒子出生了，當小兒子背這個包包時，大兒子就覺得自己的東西被搶走了。她希望兩個孩子能揹著相同的包包開心出遊，但無奈後來再也找不到同款。沒想到卻無意間在我的販售社團找到，而且狀態非常好，這讓她又驚又喜。

這包包就默默地在倉庫裡躺了這麼多年，直到有一天我出現，幫助它的主人將不再用到的物品販售到各個需要它們的家庭，它看到同伴們一個個向它道別，去了新人家，但它還是默默留在倉庫，等待下次機會的到來。每次我打開倉庫的門拿貨，它都感到一絲期待，期待會再度被需要，卻總是失望。

但這一切，其實都是因為有一個孩子一直在等著它的出現，所以在這之前它才沒有被賣掉。現在它終於找到新家了，我由衷為它開心。

你不需要的東西，有可能就是另一個人遍尋不著的寶貝。與其塵封在家中，不如將物品販售給一直在找尋的人，或是捐贈給需要的人，讓它能夠被頻繁使用。這就是物品的天命，對物品來說是一種幸福，也是讓我跟學員們可以堅持賣下去的原動力。金錢只是附屬品，但從中體會到的成就感跟幸福感無價。

2. 藉由從舊物中回收金錢，練習捨得

心理學有個名詞叫做**「損失規避」**，意思是比起「得到」的喜悅，「損失」原本擁有的物品，會讓人感到更痛苦，覺得蒙受巨大損失。⑦

所以在斷捨離的時候，人們往往會為了避免損失，去合理化物品存在的理由；或是明明知道應該捨棄，但總是提不起勁斷捨離，拒絕面對失去擁有物的痛苦。

這也是我這個念舊惜物的人，沒辦法透過**「對物品有無怦然心動的感覺？」**這個標準，來決定物品去留的原因。因為對我來說，就算是用不到的物品，只要上面有可愛的圖案或相當的年代，我就是想留下來，捨不得送人。我甚至可以對陌生人侃侃而談自己當初為何買下它，熱情地講述它們的特色在哪裡。

但如果是這樣，斷捨離就會卡關，因為我對每樣物品都很有愛，怎麼辦呢？

我發現：如果沒在用的物品可以換得金錢，並且找到適合的新主人，我就可以放下損失這項物品的痛苦，並且祝福它和新主人一起好好生活。

大量販售二手物品，為我帶來源源不絕的實質金錢效益，也讓我越賣越開心。

最後我順利達成想要的簡單少物生活。在兩年前結婚搬出家門時，只需要小客車開個三趟，就把我的物品跟一些家電、家具全數搬完。

3. 販售二手的過程會讓人深切反省購物習慣

雖然捐贈或送人很快速，很省時間；但省了時間，卻無法得到深刻的經驗跟教訓。

我有些學員原本是將斷捨離的物品全數捐贈，之後來找我學販售二手，就是因為捐贈後，當下的反省過一陣子就變得無感，又進入瘋狂購物跟斷捨離的輪迴。為了跳出這樣的輪迴，只好另尋他法，最後才找到我的課程。

不只是我自己的人生經驗，我的購物狂學員們也都向我反映：**透過販售二手，會被迫面對自己的購物習慣，甚至會讓人喪失原先旺盛的購物欲。**

因為在販售過程中，原本無感的「折舊」這兩個字，只要為物品訂價，就能深刻體會，並有切身之痛。除了少數狀況外，絕大多數的物品都會跌價，明明是全新的東西，但就是沒辦法賣原價，這會讓人非常嘔。

而比起買東西結帳時的開心與紓壓，賣出二手的快樂與成就感，會是買東西的好幾倍。因為你不只是回收部分金錢，還連帶收復了你的空間。更因為**在過程中檢視自己所有的物品，知道自己確實擁有什麼、需要什麼，也就不會再亂買或多買。**

透過這樣的過程，你就能一直找出不需要的東西來賣，加速斷捨離的速度，並跟我一樣放下原本對物品執著的心。本來說什麼都不能賣的，通通都拿出來賣了！這種心態轉變的速度會快到連你自己都吃驚，可以說是一個正向的循環。

有些事慢慢來，真的會比較快。

4. 意識到這物品我真的不需要、賣不出去時，才會心甘情願地放手

雖然透過出售的方式，有可能會讓不需要的物品佔據家中一陣子，但有些人本來就會覺得丟掉或捐贈太浪費，所以一直捨不得丟。但只要換個做法，改用出售的方式，就可以果斷地斷捨離了。

只要自問**「如果有人要跟我買，我願意賣嗎？」**就能意識到不需要的東西可以賣，也就**「願意承認」**這些物品是**「不需要」**的。

我對於有些確定不會用到，但卻捨不得賣的物品，也會先訂好「如果是多少錢，我願意賣」的價格。接著很神奇的是，你在心裡就會放下它，不再對捨棄它感到抗拒。

之後再慢慢進階，意識到如果不需要的東西，已經用過各種方式販售，還是乏人問津，就代表它並沒有如想像中那麼有販售價值；到最後如果還是沒人買，你就會願意捐贈或送人了。

有時候我們覺得捨不得，是因為心理學上的**「稟賦效應」**，讓我們認為自己擁有的物品有很高的價值。⑧這也是為何許多商品或服務會推出第一個月免費的行銷方案，因為只要試用了第一個月，你就會把它當作是自己的所有物，之後要退訂就難了。這也告訴我們：如果你原本沒有想買衣服，就不要輕易去試穿，以免無法全身而退。

而如果賣不掉的事實就擺在眼前，等於是直接打臉你，告訴你**「這個東西真的沒有你想得這麼有價值」**。

上架販售就表示你不需要，賣不掉就表示它沒價值，這時候通常就可以毫不猶豫地直接捐贈或送給需要的人，讓物品物盡其用，這樣一點都不浪費。

補充　許多資深二手賣家報名我的課程，討論售出率不高的困擾，聊過之後發現有些盲點，經過我些微修正，售出率就提升了，這樣的情況並非物品沒價值。

5. 販售二手更容易讓家人接受斷捨離

我賣掉二手物的時候，總是會在客廳大聲嚷嚷，讓家裡知道我又賺了幾千幾萬元、又賣掉多少東西，目的在於**潛移默化地教育家人「不要的東西是可以賣的」**。

本來不准我動任何物品，甚至不准我丟東西，還會撿回來藏到其他地方的媽媽，後來也會主動拿出根本沒在用的家庭用品給我賣。在兩年後，妹妹也主動找我幫她斷捨離不穿的衣服；甚至連弟弟在耳濡目染之下，也來跟我討教怎麼販賣他不要的物品。

所以根本不需要強硬地要家人斷捨離，如果他們感受到這件事有好處，就會自己動起來。賣二手是一個再好不過的方法，我有滿多學員賣到後來也都開始幫家人賣。**這就是共利，整個家都一起好。全家一起發大財，一起變清爽！**

販售二手的好處真的多不勝數。**如果做一件事情有超過兩個好處，就要優先去做，**希望你也能親自體驗透過販售二手斷捨離的好處。

過程中如果不想再繼續賣，或是覺得時間成本真的划不來，也可以送去二手網站，或是捐贈或送人來累積福報。一切都可以依你自己當下的狀態調整，適時放下一定要賣錢的執著心，也是一種必經的學習歷程。

最後你會留下你不願意賣的物品，這些物品對你來說就是「無法用金錢衡量」的寶貝。如果在這樣的環境之下生活，每天都被愛所包圍，想必會感到很幸福吧。

販售二手的管道

- TAAZE 讀冊二手書店（www.taaze.tw）
- 二拾衫二手衣平臺 （www.twentythree.com.tw）

以上平臺皆會於事前或事後收取手續費。

斷捨離其實是一輩子的功課。因為我們的人生會經歷不少變化：出社會、搬家、結婚生子、轉換公司、改變興趣，都有可能會讓我們再次經歷斷捨離。所以學會如何處理自己的各種二手物品，是一種很重要的能力。

若想要像小印一樣不誤丟有價值的物品，有能力、有效率地從各種雜物中回收可觀金錢，並有系統地學會一輩子皆受用的販售二手技能，歡迎你來找我學習。

【手把手教會你的陪伴式線上課程】https://reurl.cc/Op095v

Chapter.2

踏出財富自由
第一步：心靈自由

2-1 減少八成的物品，讓心靈更自由

心理學家榮格有句名言：「往外張望的人在做夢，向內審視的人才清醒。」

我本來是個購物狂，但花錢並沒辦法使我快樂。每次下單後，我就會陷入自我厭惡與罪惡感之中，但又真的無法克制自己。當時的我缺乏自信，只能靠著往外求，希望透過購買外在的物品增加自信感。

開始涉獵心理相關書籍後，我才發現壓抑並沒辦法消弭購物欲，而是要往內審視自己的真正需求，理解自己亂買的原因，以及自己想要過怎樣的生活。從購物狂的夢魘中清醒後，我的心靈也終於獲得平靜與自由。

不知道你是否有這樣的困擾：莫名煩躁易怒；就算整理也沒用，空間一下子就亂了；在房裡總是靜不下心讀書、在家裡總是無法放鬆，假日只好常常往外跑；家人之間

容易起口角；待辦事項很多，時常搞不清楚優先順序，於是常常延遲；錢總是莫名其妙就沒了……。

根據80／20法則⑨，家裡有八成物品都是閒置不需要的，只有兩成才真正有在使用。這樣的狀況下，有八成的物品一直在冷宮裡發出無聲的懇求訊號，希望你有一天能夠關注它、使用它。但物品也是有壽命的，可能有一天就這樣默默壞掉而無人聞問，讓你家成了雜物墳場。當你發現物品全新未用卻壞掉時，心裡也會有愧疚感跟罪惡感。

整理時就是要把那八成斷捨離，留下重要的那兩成。了解這個道理，可以讓我們把八成的錢用在重要的事物上。只要養成這樣的體質，即使不記帳也能存下很多錢。剩下兩成自然而然可以存下來。

很多人很在乎「風水」，買房前甚至會請風水師勘查。不過我覺得古人說「風水」的真正意涵，應該是風跟水都能在空間自在流動，才是好風水，空間氣場也才會好。

堆滿雜物的家，風還能自在地流動嗎？淤塞在內無法排出的風，最終也會變成一股濁氣滯留在屋內。就像便秘的腸胃，裡面都堆滿廢物。這樣整個空間的氣場怎麼會好？在其中生活的人們的心境怎麼會開朗呢？

如同專家都建議冰箱最多只能放八成滿，好讓冷風流動，增加保冰的效率；我們居住生活的地方，也是需要足夠空間來通風的。

如果你想要生活輕快、心情常保愉悅自在，可以做的第一件事就是「斷捨離八成沒在使用的物品」，讓你身邊只剩下喜愛且經常使用的兩成物品。

一開始一定沒辦法一口氣斷捨離這麼多，但當你開始有意識，無意間你就會行動了。透過減少物品，慢慢往心靈自由的方向走去。

斷捨離前先斷捨離誘惑來源

在整理家中環境、斷捨離物品前，要先做一件事堅定決心，才能夠專注斷捨離。

這件事就是「斷捨離誘惑來源」。很多人以為我斷捨離後再也不亂買，是因為我很自律；但其實不是，我只是讓自己的生活環境變得沒有誘惑罷了。

我從二〇一二年就開始整理衣服，捨棄上百件不會再穿的衣服，但衣櫥依舊混亂；直到四年後失戀才成功斷捨離。我那時才終於發現：**重點不是丟多少物品，而是在斷捨離的過程中不買多少物品。**

我把所有會讓我手滑下單的網拍管道跟電子報、粉絲團都刪掉，專心斷捨離，在朋友圈中宣告達成我想要的目標前不會再買。如果有不得已要買的東西，就要先斷捨離幾件物品才能買一件，最後我在兩年內達成了理想生活。

「斷捨離誘惑來源」就是為自己打造一個沒有誘惑的環境，不僅能消除斷捨離跟存錢的阻力，也會讓你花更少時間跟心力，得到更多好處。

因為我們的意志力跟注意力都是有限的，當你白天下班回家後，只剩下少許意志力，自然容易衝動購物。所以你得為自己打造「不會隨便亂購物」的生活型態，好好把戰力跟腦力集中在斷捨離上。

再者，要有**成就感**來激勵我們持續做一件事，才有辦法堅持下去。如果斷捨離了一件衣服，又買三件衣服回來，衣櫥想必不會變清爽，花費時間整理衣櫥也不會有成效。沒有成就感就沒辦法繼續堅持，這也是我以前不斷整理衣櫥，但卻無法達成理想生活的原因。

因為我還是每個月買十幾件衣服，斷捨離的數量遠不及買進的數量。這讓我覺得整理都沒有成果，好像一直沒有盡頭地瞎忙，所以斷捨離時也總是斷斷續續，無法達成最終目標。

因此，你可以思考一下：你在什麼物品上花最多錢、數量最多？這些誘惑的來源是什麼呢？

擒賊要先擒王，從花最多錢品項的誘惑來源下手，才能讓你的斷捨離事半功倍，錢也才能無腦存下來。拒絕誘惑來源，可以讓你獲得五個好處：

1. 物品不會持續變多，斷捨離難度下降。這讓你每一天都能越來越接近理想的生活，過得很開心。
2. 斷捨離成就感提高。這會讓你想斷捨離更多「本來想留但其實不需要的物品」。
3. 不會買完物品又懊悔，產生罪惡感。提高你對自己的滿意度，覺得自己更自律，並成為比以前更有自信的人。
4. 把逛街跟看網拍的時間空下來，拿來做自己喜歡做的事。你可以投資自己學習新技能或興趣，我也是因此得以財富自由。

5. 儲蓄率自然提高。錢能無腦存下來，達成想要的財務目標跟簡單生活。

如果做一件事有超過兩個好處，就要優先做，一起來斷捨離誘惑來源吧！

豐盛的整理練習（二）：跟著小印一起斷捨離誘惑來源

1. 寫下你會衝動購物或是購物品項多的誘惑來源。
2. 將它們一一取消追蹤或刪除。

三個幫助斷捨離的實用問句

我相信你或多或少都聽過「斷捨離」這三個字，但你知道這三個字的涵義嗎？

這三個字是由日本雜物管理諮詢師山下英子提出的人生整理觀念。⑩

「斷」是斷絕不需要的物品，「捨」是捨棄多餘的廢物，「離」是脫離對物品的執著。這並不是單純清除物品這麼簡單，而是透過這種方式來促進你人生的新陳代謝。

我依照字面發想了三句問句，用來結合這三項概念，方便學員現場實作，以下一一為各位介紹：

斷：「這物品在一年內有用到嗎？」

「斷」，主要是要分辨不需要的物品。你可以問自己：一年的五萬多分鐘裡，你有沒有用過它呢？如果都沒用過這項物品，接下來會使用到的機率想必也非常低。是不是就能斷捨離了呢？

尤其是那些你根本就忘記它的存在，或是不懂為什麼當初自己會買下的物品，都可以直接斷捨離了。

捨：「是不是有其他物品可以取代它的功能呢？」

「捨」，主要是要分辨多餘的物品。你可以問自己：是不是有其他東西可以取代它？如果有的話，那它就是多餘的，就可以斷捨離了。

例如我到府服務時，常在一個家庭裡就找到幾十個保溫杯，但一家可能也才四口人，有需要用到幾十個保溫杯嗎？其實只要留一定會用到的數量就好了。

離：「這物品可以幫助我成為更好的人嗎？」

脫離物品的執著。這比較哲學，我自己是這樣思考的：當你對物品產生執著心的時候，它就變成你人生的主角了，因為你沒辦法隨心所欲處理它。

所以我把它轉化成另一個想法：**這個東西能不能幫助我成為更好的人？**

當你把這個問句刻印在腦海裡，物品就會變成配角，因為你擁有的所有物品的存在意義，都是要支持你成為更好的人。

像是正在閱讀的書，就可以讓我們增長知識，或是體驗到不同於自己的人生；天天使用的水杯，可以讓我每天都喝足水，讓身體維持健康；常穿的工作服，讓我展現專業的形象，可以幫助我讓客戶更信任我的教學。

那什麼物品無法幫助我們成為更好的人呢？

舉個例子，像是前男友、前女友送的禮物，你現在看到心情就很差；或是別人強迫推銷送給你，或是強迫你買下，但其實根本就用不到的物品。這些都沒辦法幫助你成為更好的人，因為當你看到這些物品，就會連結到當時不快的情景。

當空間中存在幾個這樣的物品，存有你的負面情緒，讓你每次看到就不開心，那就算你想要保持心情愉悅，也會在潛意識中受到影響。

透過這三個實用的問句，一般人也能馬上找出不需要繼續留下的物品。

2-2 斷捨離不只丟東西，認識自己才能捨更多

如果你已經試過三個實用的問句，但還是無法順利斷捨離，可能是因為理智上知道應該這麼做，感性上卻還是捨不得放手。這也是為什麼很多人知道斷捨離的好處，卻做不到的原因。

因此，要做好斷捨離，並非只有處理表面上的物品，而是要像薩提爾的「冰山理論」：不能只處理眼前所及的海面上的問題，而是要深入了解海面下的潛意識，也就是自己真正的想法。[11]

潛意識影響了我們大部分的行為，唯有與潛意識溝通，才有辦法真正做出改變，得到與以往不同的結果。以時間軸來看，我們可以把潛意識中的阻礙分成**「對過去的執著」**，以及**「對未來的不安」**。接下來我將會透過例子帶你了解如何克服的方法，協助你順利斷捨離。

一、對過去的執著

你是個念舊的人嗎？如果是的話，你應該會很多從小留到大的物品。

每一件物品都代表著一個美好的回憶，或是一個榮耀時刻。當你拿出這些物品時總是如數家珍，回憶歷歷在目。陪伴你越久的物品，你越捨不得丟。

我當初也留了從小學到大學的成績單跟聯絡簿、作文、畫作、校刊、獎狀，或是筆記寫得很認真的國中、高中、大學教科書、筆記本，總是捨不得丟。

後來我問自己：**「為什麼丟不掉？」**

往內探索丟不掉的原因，我發現是因為我覺得當時的自己很優秀，總是在前三名或是經常得獎，我很懷念以前優秀的自己。筆記也是我用功讀書的象徵，我對於這樣努力的自己，真的丟不下手。

「為什麼丟不掉？」

因為我覺得沒有什麼人看到我的努力、我的認真，所以才要留下這些當作證明。如果有少數人發現，例如老師在週記或成績單裡寫給我的回饋，我都會珍惜著留下。

從小我就是個努力讀書的孩子，本來以為自己是為了賺阿公的五十元獎學金，但失戀後開始探索原生家庭，我才發現我一直在追尋的其實是「爸爸的肯定」。

但我爸就是個傳統的華人父親，只知道用行動來表現對子女的愛，總是不會讚美、赧於開口，甚至常用責罵的方式來表達關心。

所以在潛意識裡，我留著這些獎狀跟筆記，是為了有一天能獲得爸爸的稱讚；也是在告訴自己，我真的很努力了。這個期待被爸爸稱讚的想法，就算被我發現，它也依舊沒有消失。上學時，我想得到老師的稱讚；在工作中，我渴望得到主管的關注；甚至在愛情裡，我需要伴侶言語的肯定。

雖然沒辦法讓想獲得稱讚的期待消失，不過當我發現原因之後，就比較容易處理物品了。我開始會花些時間來肯定自己，每完成一件自己覺得很棒的工作，我都會對著鏡子笑著稱讚自己，並且給自己實質的獎勵，學會肯定自己。

如果你在斷捨離上遇到卡關，可以跟我一樣，透過不斷自問**「為什麼丟不掉？」**來往內心探索，找到真正的心理因素對症下藥，就能幫助自己慢慢放下。

這些筆記或作文我確實都不會再用到，而且也都只是隔十幾年大整理時，才會拿出來看一次。於是像這樣的紀念品，我採用了**「數位檔案法」**。對於教科書，我則是使用了**「回到現在法」**來處理。

對策——數位檔案法

我排定了幾天晚上，花幾個小時慢慢翻閱這些資料，然後將有趣或有紀念意義的部分都用手機拍下來，放在專屬的雲端資料夾跟電腦硬碟內。

只要有數位檔案，日後隨時想回顧都可以回顧。而且數位檔案不占實體空間，也不會因為接觸空氣，而讓物品日漸損壞。

等到下次整理雲端或是硬碟時，如果發現這些照片其實都沒再看過，或是已經沒感覺，就可以進一步斷捨離數位檔案。

對策——回到現在法

念舊其實不是壞事，如果有空間可以收納，你不一定要處理掉過去的回憶。但如果你現在的生活已經變得混亂，就要提醒自己將目光拉回現在，以當下的眼光來檢視物品。你可以問問自己：

- 我**現在**「需要」這項物品嗎？
- 我**現在**覺得它「好用」嗎？
- 我**現在**「喜歡」它嗎？
- 它「適合」**現在**的我嗎？

拿大學的日文教科書當例子，就算斷捨離的當下我也正在做日文相關工作，但我已經確定未來自己不會再從事任何跟日文教學有關的工作。所以其實我**現在**並不需要它，它也不適合**現在**的我了。

當時的我有新的課題跟領域要學習，如果繼續留著日文教科書，就沒有空間可以放新的書籍，潛意識中也會一直猶豫這些日文書該怎麼辦，抑或是會對以後走日文相關工作存有一絲幻想。但實際上，我真的沒有想再從事相關工作了。透過斷捨離日文教科書，也讓我在潛意識中跟過去的日文工作做個切割，讓我認知到：接下來，我就要在職涯上走出不同的路了。

對過去的執著，會讓我們一直困在過去，無法對美好的未來邁出大步。請你務必把時間投資在「認識自己」身上，透過跟物品的對話，試著去了解一下自己為何執著。唯有放下執著，才能擁抱理想的生活，讓自己的心靈更加自由。

二、對未來的不安

就像松鼠為了過冬，會提前儲備糧食，人類為了消除未來可能遇到的不安，也會囤積物品。曾經歷經苦日子的老人家，常會囤積很多生活用品在家裡，或是要把冰箱塞得滿滿的才安心，就是因為他們很怕再遇到物資缺乏的狀況。

新冠疫情後，我到府教學整理時，常看到家家戶戶備有多箱口罩跟酒精，有些甚至已經多到可以開店的程度。這是因為疫情開始之初，我們曾遭遇過到處都買不到口罩跟酒精的恐慌。為了避免再次遇到之前的狀況，當我們可以輕易買到這些東西時，就乾脆囤積庫存，好讓自己有安全感。適度的話是未雨綢繆，但太過頭有可能就會影響日常生活，例如讓家中空間變小，或是不小心就放到過期、浪費了錢。

我們其實可以**半年或一年的使用量為單位，當作囤貨的數量標準**。下次再採買時，就可以清點庫存，重新確認新的半年或一年份使用量，扣掉目前剩餘庫存後再補買。而不是漫無目的地在賣場閒逛，為了填補當下內心的不安全感，想到什麼買什麼。

學著理性控制並滿足自己的不安全感，才不會整日惴惴不安，因為你知道家裡已經有足夠的庫存了，心靈自然會更自由。

對未來沒有安全感的人也格外害怕丟錯東西，怕以後要用時萬一沒有怎麼辦？

其實臺灣這麼方便，一出門就有便利商店或大賣場，也有二十四小時到貨的電商平臺，真要用到的時候再買就好了。我也有在斷捨離之後，又因為會用到而再買回來的物品。而且買回來之後，你一定會比之前更珍惜使用，因為你很確定自己用得到。如果後來又變得不需要，那再度賣掉也沒關係——人生本來就是持續變動的，每個階段需要的物品都不同。把這些商店都當成是你家的倉庫吧，全家的廣告也說了「全家就是你家」，在臺灣，只要你有錢，真的不用怕買不到東西。

雖然我在在說明減物可以讓心靈更自由，但請你要理解這不是為了丟而丟。如果光是看到這樣物品，就能讓你感到溫暖幸福，觸動心靈，那就算沒有實際功能，還是可以留在身邊。我也還保留著嬰兒時期的娃娃，每次看到它們，心情就會頓時平靜下來。

理解就是放手的開始，若目前捨不得就先放下。我也並非一口氣就斷捨離了上萬件物品，而是依照自己的步調循序漸進進行。如果你有時間壓力或是目標，適時找我到府協助也是一個選項。只要付諸行動，總有一天一定可以得到你想要的心靈自由。

對壞掉的物品放下罪惡感或是捨不得

如果物品已經過期或是壞掉，只能丟掉，但心裡還是抱有罪惡感或捨不得怎麼辦？請你理解，每個物品來到這世界上都有一份任務，就是「要幫助你成為更好的人」。也許它的任務就是被你好好利用，當它被你用到不能再用時，其實就是它的生命終點，已經完成此生的任務了。

也許它在世時沒有被你妥善利用，但能讓你開始反省自身的購物習慣，讓你學到原來你不適合或是不需要這類的物品；那接下來，就請你好好對待還留在身邊的物品。無論你是否用到，它都已經完成任務，請你跟它道謝與告別，告訴它：「謝謝你的支持，讓我變成現在美好的自己。」然後再用讓你比較安心的方式處理掉它。

當你開始學會對物品產生感恩的心，開始愛惜物品，你也才會愛惜所有來到你身邊的人事物。

豐盛的整理練習（三）：整理你的內心渴望

1. 測看看「愛之語線上測驗」（love.cssa.org.tw）了解自己內心渴望被怎麼對待，這也會反映在你對於物品的情感上，幫助你在斷捨離時探索丟不掉的原因。
2. 開始整理前可以拍一張照，整理後對照看會很有成就感！
3. 開始斷捨離。可以試著每日丟一物，或是找一天整理同類的物品。

2-3 以整理遺物的心態來斷捨離

不知道你有沒有寫過遺書的經驗呢？

斷捨離的時候，我找到了一封十年前寫下的遺書，那封遺書是在大學時寫下的。我寫它並沒有什麼特別原因，因為那是一份課堂作業。

當時，我在大學修了一堂「生死學」的課程。老師在課堂中提到：我們人生中可能會遭遇到無法預測的意外，所以**遺書並不是死到臨頭才寫，而是每個人都應該預先寫下來，並不定期依照自己的狀態調整，以防萬一**。

在遺書裡，可以表達對於親友的愛、讓親友依照你想要的方式辦理你的後事、交代捐贈器官事宜，甚至可以寫下你的財產清單，預先做財產或遺物的分配。否則你有可能會像新聞所報導的，在過世幾十年後，家人才陸續接到他人的電話通知，意外得知原來還有家人不曾得知的土地跟債務遺留在外，甚至必須靠打官司來分配所有成員的權益。

就像時空膠囊一樣，我將這份遺書打開來細細品味。在遺書裡，對物品情感很深的我寫下了當時的財產明細：銀行存款、娃娃、CD、書籍、漫畫、包包、衣服，以及想要個別贈與的親友名字。

十年後再度檢視，想要贈與的親友依舊沒變；但在這十年間，我的物品種類跟數量都增加了很多倍，物品量高達上萬件。親友數則是不到五人……如果真的依照這份遺書來進行分配，收到物品的親友應該會非常困擾吧？

而且重點是：**他們真的有想要這些物品嗎？他們真的需要這些物品嗎？**

將心比心，如果是我收到這麼多親友的遺物，即使自己用不到，但又是過世親友指定要送給我的一番心意，到底是要留還是要丟呢？如果留的話，大量他人的物品囤積在家中，會不會反而造成家庭關係失和呢？

如果重寫遺書，不將物品分配給任何人，同住的家人依舊得花時間處理我身後留下的大量遺物。

以我家的情況為例，跟我一樣念舊的媽媽有可能會因此被困住，捨不得丟掉我的任何物品；相反地，原本就覺得我東西太多的爸爸則有可能會一意孤行，將我視之為寶物的物品視為大麻煩，很有可能想通通丟掉。兩人對待物品的方式如此不同，在難過哀悼之餘，是否有可能反而因為處理遺物的方式而爆發衝突呢？

這不是我想要留給家人的，比起留下大量物品讓他們困擾或爭執，我更希望他們開心，不要有罣礙。我也不希望我的物品在我死後被隨意處理丟棄，我希望它們能被識貨的人珍惜使用。於是，為了替家人減輕負擔，順便幫我所有用不到的物品找到新主人，我開始用**「整理遺物」**的心態，來重新面對我的所有物品。

我將物品依照**喜歡程度**與**使用頻率**大致分成三類：

程度	物品類別	行動
非常喜愛，用不用得到都沒關係	平常會使用的生活必需品、書籍，或是會想要放進棺木裡一起帶走的紀念品。	將物品留在身邊
欣賞，但不擁有也沒關係	大部分的公仔蒐藏	幫物品找新主人
沒有感情，平常也不會用到	吊飾、面膜	幫物品找新主人

在整理的過程中，濫情的我，發現大部分的物品都是基於當下的欣賞，覺得很可愛或是很美就買下。但事實上是否擁有它們，都對我的人生目標不造成任何影響。如果有任何人願意出價購買，我都願意賣給他們。

因為把自己的心態設定為「整理遺物」，而不只是「將空間整理整齊」，所以自然就會有一種生不帶來，死不帶去的豁達感。

這樣的豁達感，進而促使我學會**「放下執著」**，不執著於一定要「擁有」物品，因為不管是人類或是物品，我們都只是這個世界的過客，在一段時間彼此陪伴的夥伴關係。

這讓我想到，大一的第一堂日文課，老師教的第一個詞是「一期一會」，意思是一生只有一次的相會，所以要珍惜彼此在一起的時光。當時老師是希望我們能珍惜彼此在同一個教室學習的緣分。但十二年後，我才真正領悟到這個詞的真正含意，不只是人跟人之間的緣分，萬物皆有靈，草木亦有心，對於來到身邊的物品我們也應當珍惜使用。

以整理遺物的心態斷捨離，並不是擔憂未來，也不是對人生感到絕望，而是追求自由的體現：

對於用不到的物品，在它還活著的時候，幫它找到新主人，讓物品自由。

對於親友，讓他們不需要花太多心力跟時間處理你的遺物，只要專注於回憶本身。

對於自己，在生前得以從眾多的物欲中解放，不再執著擁有物品，達成心靈自由。

2-4「幫」別人斷捨離？先弄清界線，顧好自己

上一篇提到「以整理遺物的心態來斷捨離」，不知道有沒有人覺得自己離死亡還太遙遠，反倒是家中長輩的年紀大了，於是想要用那篇文章的觀念，強迫長輩開始整理家中囤積的物品呢？

如果是這樣，那我真的覺得很遺憾，因為你還沒有體會到整理的真諦。

我曾經在粉絲團，甚至是講課時，都收到不少對於家人的囤積習慣不知如何是好的提問。甚至我也有收過想要幫不知情的家人預約整理教學的報名表，但沒有本人的意願以及同意，我都會拒絕，重點就在**「尊重」**二字。

我相信很多人都會有這樣的煩惱，就是家人的東西多到讓你覺得看不下去。但再怎麼勸告，家人都沒辦法理解斷捨離跟整理的必要，沒辦法改變他們。不管是自己同住，

或是看到家人住在混亂不已的空間裡，都讓人感到很痛苦，對嗎？

但真正的整理不是「幫」別人斷捨離，**是弄清楚人我的界線，然後先把自己顧好。**

把自己顧好並不是一種自私。當你分清楚自己跟他人之間的界線，不只是物品，工作、人際關係、日常生活，很多煩惱都會迎刃而解。

外在的環境反映了我們的內心。當我們容許自己或家人的物品隨意放在自家的公共空間，或是比起整理自己的物品，更關心家人的物品，那你很有可能容易在其他方面，允許別人越線來對待自己；或是允許自己越線，插手管別人的人生。

當你一直拿別人的問題來困擾自己，背負著不屬於自己的人生課題，那麼不管你再有錢，你的心靈都不會得到自由。

如果你想要心靈自由，一定要先分清楚人我的界線。

對家人的不滿，投射出你對自己的不滿

我到府教學整理後，常聽到委託人抱怨家人的東西太多，但委託人本身的東西也不比家人少，其實是五十步笑百步。

如果東西沒有多到會危及生命，我都會直接跟學員說：「你真的管太多了！」

因為這其實是將對自己的不滿，投射到對方身上，期望對方為你改變。擅自認為只要對方變好了，你也會跟著變好。

如果你有試圖養成某個好習慣的經驗，你就會知道，讓自己做出好的改變都很難了，何況是讓別人心甘情願，為了你改變他原本的生活方式或價值觀呢？所以讓自己主動丟東西相對簡單，要別人主動丟東西就很難了。

而在心理層面上，不管他人的意願，直接丟掉他的東西最簡單，丟自己的最難，於

是我們才會想透過丟別人的東西，緩解對自己物品量多到無法控制的那種焦慮跟無力感。藉由丟別人的東西，得到掌控感，就好像也能把自己的人生打理好。

但事實上並不是這樣的，你的東西還是一樣多、空間還是一樣亂。如果你自身沒有改變，開始減少自己的物品，我相信不只家人，連你自己都還是會繼續買，空間一定又會打回原形。

尊重與家人（物品）之間的關係

想要丟掉家人的物品，在倫理上其實也站不住腳。因為你站在比家人偉大的角色上，想讓他們改變，這樣家人怎麼會開心願意呢？

一旦你想把自己看成救世主，擺出想解救對方的姿態，不管對方是長輩、平輩或晚輩，這樣的心態就是一種不尊重。除了導致家人關係失衡，也會讓你自己背負不屬於自己人生的責任。

而且當你有了**「拯救者」**的心態，覺得必須拯救家人，但家人卻沒有依照你的想法行動時，你的心態就會轉變成**「受害者」**，覺得都是家人害的，不然你也不會這麼委屈。接下來就開始埋怨自己已經做了這麼多，但家人卻不理解你的苦心，為這個家付出這麼多，卻還被嫌棄，成為了一個**「迫害者」**。

這就是知名心理學家卡普曼提出的戲劇三角理論。[12]當人陷入這個三角後，就會在裡面輪流扮演這三個角色，對彼此感到不滿，把錯都推到對方身上。當不滿情緒日益升高，就很容易變得怨天尤人，破壞與家人之間的關係，讓人生充滿負面情緒。如果想跳脫這個戲劇三角的負面框架，首先就是要有所覺察，不要成為裡面的任何一種角色。

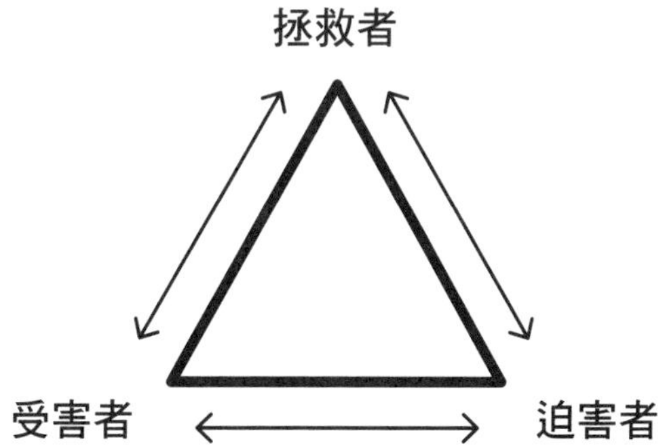

這不是叫你都不要為家人付出，而是要覺察自己行動背後的真正原因是什麼。表面也許是為家人好，但潛意識是不是想要「控制」、想要「家人的認同與尊重」呢？要得到他人的尊重之前，我們必須要先尊重對方，讓對方了解我們同理他們的感受，他們才會認同我們是愛他們的，是真的打從心底為他們好。而且每個人都有自己的步調，還請尊重家人想要的生活方式。

人生很短暫，請專注在自己身上，不要插手他人的人生。把自己的人生弄好，就像小花效應，身邊的人也會跟著改變。真的想改變家人，就先讓自己透過斷捨離變得更幸福，讓他們羨慕，進而主動請你協助。

在斷捨離兩年後的某一天下午，我妹主動請我協助她斷捨離兩大袋衣服，並幫她規畫放其他物品的區域，當時我真的又驚又喜。這樣的時刻我等了兩年，期間都沒有強迫她，而是讓她感覺到：如果她需要，我隨時都可以提供協助。

所以你需要做的，就只是在自己斷捨離的過程中釋出一些善意，讓家人知道你很樂意幫他們，而不是妄想控制他們。當你專注在自己身上，你會發現自己的人生還有很多美好的事物要忙，家人物品的多寡根本不值得你掛心。

心長存佛渡有緣人，守好自己的界線就好，不要侵犯別人的。如果不會造成立即的生命危險，就不要試圖控制家人的生活方式。

將想改變他人的執著，轉化為自己的動力

不少人跟我反應：自己其實嚮往少物生活，但因為家人習慣性囤積，物滿為患，讓自己在家裡住得很痛苦，完全沒有生活品質可言。

我們思考一下，這個家是誰買的呢？如果是家人買的，請尊重他們。尊重他們放自己想放的東西，或是尊重他們希望你把東西收好的期待。

你可能會說，但我住在這個家裡感覺很痛苦啊！但是不是只有你覺得痛苦，家人其

實待在這樣的環境很自在呢？

每個人對於空間的要求程度本來就不一樣。請你把這份想要改變別人的想法，轉變成讓自己變強大，強大到足以出去自立，擁有自己的家。不管是租房或購屋，你都百分百擁有自主權，可以過自己想要的生活。

狡兔三窟，但只有一窟才好管理

很多人搬出原生家庭，在外建立家庭之後，在原生家庭仍留有自己的房間，導致家中新成員沒有足夠的居住空間。

就租金跟房貸的角度來看，如果已經不住在原生家庭，空間當然就讓給新增的成員比較有利。如果原生家庭有多餘空間，家人也同意的話，那當然繼續保留也沒關係。但有些人會把婚後的東西也拿回原生家庭放，把原生家庭當作倉庫，讓家人也很傷腦筋。因為當空間要拿來挪做他用時，這些東西丟也不是，不丟也不是。

老實說，放在老家的物品就是你用不到的東西了。如果是需要的東西，你一定會放在身邊，以便使用；而且物品集中在同一處，也會比較好管理。

所以請你找一天回老家，好好整理已經用不到的東西吧。判斷標準就是你願不願意把東西帶回現在住的地方放，如果不願意，那就可以斷捨離了。

就算擔心，也請你溫柔守護家人

物品其實反映了內在，囤積不光只是表面看到的物品數量多，很有可能是內心也有一些執著或是不安。

早期斷捨離的時候，我媽很常把我丟掉的東西撿回來，再換個地方擺，以為我沒發現。往往我過了幾天才發現後，就開始跟她吵架。因為我覺得東西是我的，我有權利決定去留，而且這些東西都沒有賣二手跟送人的價值，老實說就只是垃圾。

但印象深刻的是，在某次激烈爭吵時，媽媽大聲對我說：「你怎麼那麼狠，是不是以後也會把我丟掉?!」我那時才驚覺：原來我這樣的行為，會觸發媽媽內心深處的不安全感，所以後來我和弟妹開始整理家裡時，就改採溫和的路線進行。

先不要大量的丟東西，這樣長輩的心臟可能會無法承受，心裡也會馬上升起不安全感跟防衛心。

這邊提供四個建議的做法：

1. 先把家中的物品集中放置，讓長輩知道同類的物品其實已經多到用不完了，而且有些有蟲蛀痕跡或已經過期的東西，都可以丟掉了。藉由先丟掉確定是垃圾的東西，日後再循序漸進，找機會處理品項過多的物品。

2. 物品集中放置，方便長輩使用，也能讓長輩比較清楚庫存量。東西找得到，自然不會再亂買。

3. 在換季時，我會先在衣櫃旁放一個大垃圾袋，裡面裝著我打算捐贈或回收的衣服，告訴全家人：如果有不要的衣服都可以放進去，我最後一起處理。讓家人無腦統一放同一袋，減少他們思考的阻力，最後再依照經驗分成捐贈、回收或是販售。

4. 讓家人知道販售不要的東西，還有錢可以賺。這他們後來紛紛主動把家裡不用的東西拿來給我賣，就算賣不掉也可以假裝賣掉，實際上丟掉或送人，自掏腰包給他們一點回饋。有了實質回饋，他們就會更想清東西換錢。

我到許多家庭進行整理教學後，發現很多人實際上很願意斷捨離，只是不知道該怎麼處理這些不要的物品，只好繼續放在家裡，就這樣越堆越多。這些人往往不會主動求助，也許因為經常被家人罵，起了防衛心或叛逆心；抑或是沒有動力處理，需要有人在後面輕輕推上一把。

因此，如果你想要讓家人的生活環境變好，請不要站在他的對立面，而是**要成為他的夥伴，透過閒聊讓他放下戒心，了解他丟不掉的真正原因，再來一起想辦法解決。**

只要這樣就好，默默為家人「順便」創造一些斷捨離的契機。由於是「順便」，得失心也不會那麼重，帶給家人的壓力也不會太大。默默守護，等待家人成長，也是一種溫柔。

◎案例（一）：整理衣櫥，也整理人生

女性在成長過程中多少都有過衣櫥爆炸的經驗，這次的主角玫也不例外。

玫從小到大被媽媽控制穿著，好不容易成家後，才終於可以買自己喜歡的衣服。她就像剛滿十八歲的少女，迫不及待想要做成年的人才能做的事。

在衣服方面，她花費了非常多苦心跟金錢，甚至還找了顧問測出穿搭色彩；然而，在她找到適合自己的顏色跟風格後，內心依舊沒有自信，只要是穿起來好看的衣服都會買下，最後仍為衣服爆量所苦。最後她預約我到府陪伴斷捨離，找出她的盲點，希望能將衣服減量。

玫開宗明義地表示，**衣服是她很重要的安全感來源**。「尤其是我很怕冷，毛衣我有六十件以上，褲子也都要買刷毛又挺的，一發現合適的就一定會買下來。」

「我結婚後才能開始穿自己想要穿的，之前都是被媽媽控制，沒辦法有自己的聲音……所以結婚後我開始瘋狂購物，因為我沒有度過少女選衣服的時期，覺得自己還沒漂亮過就已經長大了，覺得好可惜，被耽誤了一生。」

我告訴玫，其實我們的人生永遠都不會太晚開始，現在的她需要的是再一次看清楚自己的衣服，同時也看清楚自己，而不是在太多的衣服中失去自己。

後來我再深入探討之下，發現玫工作上的主管跟媽媽一樣是控制狂，讓玫壓力很大。原本想離職的她，發現靠著午休時間逛街買衣服可以抒發工作壓力，花錢就更不手軟。她覺得工作都那麼辛苦了，賺的錢就是要犒賞自己才有價值。

「妳人生一直跟控制狂在一起，以前在家已經壓抑自己了，現在是不是有其他的選擇呢？」我問她。

但玫覺得這就是她的人生課題。她不想就這樣放棄薪資優渥的工作，所以一直在找辦法；既然工作暫時改變不了，就先整理東西再說。

「說不定等妳整理好，主管就離職了呢！如果是這樣，要跟我說喔！」我半開玩笑地對她說。

而在到府過程中，我發現一件驚人的事實：雖然玫學過適合自己風格、顏色的穿搭知識，但她分辨不出舊衣服的風格已經與現在不同。認知到這個盲點後，就由我來幫她挑出不同於新風格的衣服，再向她確認。結果真的都是以前買的，都可以斷捨離了。

玫說過自己怕冷，光是毛衣就超過六十件。檢視毛衣時，因為已經一整天接觸這麼多衣服，玫的樣子開始有點怪怪的。我問她怎麼了，她說有點暈眩感，想吐。

物品會寄託人的感情，所以丟掉物品才會是這麼難的事情，何況是覺得衣服讓她有安全感的玫。當一下子捨棄太多，對於精神上會造成很大的負擔，於是我建議就不要再繼續整理了，先休息一下。

最後玫請我挑出不同於現在風格的衣服，另外集中放置。我走後幾天，她在家一一試穿，覺得真的不適合了，也就真心願意放手了。玫後來也跟我分享到府整理後的體悟：

「今天謝謝妳，很舒服地整理。本來心理壓力很大。一直想著，今天這樣整理，若是早幾年多好。但又覺得好像無法，總要走好多關。

「覺得整個整理的過程好神奇，又熟悉又陌生，透過他人的眼睛看自己。以前覺得自己不像自己，也找不到自己。在迷途很久，很吃力，不得要領。現在有看到曙光，比較喜歡自己了。」

整理衣櫥竟然讓工作運變好了

在斷捨離衣服的過程中，由於知道工作壓力是造成她衣櫃爆炸的原因，我也一邊幫玫分析換工作和在家工作的可能性。她說不是沒找過，只是薪水比現在低，讓她覺得無法屈就。

我問她：「如果在家工作，就可以省下每個月五千多元的通勤費，也可以省下因為壓力大而買衣服紓壓的錢。扣掉這些支出，薪水是不是就不需要原本這麼高了呢？」

後來剛好遇到疫情，玫有機會向公司申請在家工作。約莫幾週後，她告訴我：「我要說一件很神奇的事，我買了很多穿搭書，以前只是覺得好看而已，現在可以明確知道這些穿搭適不適合我，值不值得我參考了！

「以前不敢丟衣服，其中一個原因是我很常換工作，所以要保留。現在的衣服搭配我覺得很有彈性，什麼工作都可以穿。我也決定把這主管一起整理掉了。我已經知道，也認清他是比不適合的衣服更該丟棄的東西，不需要對他客氣。」

後來再聯絡，玫最終還是沒有離職；但很神奇的是，她的主管自己離職了——一開始我說的話實現了，這就是神奇的人生整理魔法！玫甚至還找到了自己夢想中的房子，展開一段新的人生。

斷捨離不只是丟東西，而是要往內認識自己真正的需求，一邊理解為什麼亂買的原因，一邊整理自己的內心，才有辦法順利斷捨離。

這次的到府協助整理，玫透過衣服重新審視自己與媽媽的關係、媽媽與主管的性格關聯、購物欲與工作壓力的關係，發覺自己的沒自信、直視讓自己厭惡的過去，最後終於得以肯定，並擁抱現在的自己。

整理可以幫助我們放下對過去的執著，心無罣礙地往前邁開步伐，迎向嶄新的人生。如果你覺得人生卡住了，也不妨開始整理手邊的物品吧！

Chapter.3

財富自由，
其實就是時間自由

3-1 用整理拿回時間，提前到達理想生活

多數來找我做財務諮詢的人都想要財富自由，但協助他往下探索後，他才知道自己真正想要的其實是「可以隨時做自己想做的事」，也就是「時間自由」。

財富自由需要足夠的被動收入才有辦法達成，但我們可以藉由整理物品減少日常瑣事，從做家務以及購物的時間中解放，慢慢從中拿回時間的自由使用權。只要運用這些自由時間投資自己或增加收入，就能縮短與財富自由的距離。

大家可能都有過這樣的經驗：隔天要考試或報告時，都會突然想整理房間。你可能會把幾年沒用的東西通通拿出來分類，或用抹布擦拭角落的灰塵，花上一整天來整理。

這也許是因為想要逃避面對考試，但也有可能是因為房間真的太亂，雜物噪音實在過於干擾，讓你無法靜下心來讀書或思考。

只要平常就打造好讓自己能馬上開始做事的環境，就能讓你事半功倍，得到最大的專注力，進而提高效率。以下介紹四種能夠讓你拿回時間的整理方法。

一、決定空間用途，相關用品必須可馬上取得

將每個空間都賦予一個明確用途，在這個空間內會使用到的物品，應就近放在該空間。每個物品都有自己的家，方便日後好找及歸位。

只要縮短事前準備物品的時間，就能提高執行度。

例如：如果將客廳設定為做瑜珈的空間，就可以把瑜珈墊放在客廳；如果平常在書房閱讀，就把書櫃設在書房，而不是客廳。這也可以避免同類物品散落各處。

一旦物品蔓延到其他空間，要找時也會不方便，也沒辦法控制好總量，就有可能會不小心又多買。

非相關的物品，就不要放在這些空間，以免分散我們的注意力，讓空間漸漸變得界線不明。如果無關的雜物越堆越多，讓整個空間亂糟糟，要找東西時也很浪費時間。

不知道要放在哪個空間的物品，可能就是你根本不需要它，才找不到可以使用它的時機跟空間，也許就可以斷捨離了。

二、桌面清空，只放使用頻率高或是正要使用的物品

如果平常桌面就清空，那就不需要在使用前再花時間騰出空間；也不會因為桌上的雜物而分心，需要額外費心集中精神後，再花更多時間完成工作。

到府教學整理的時候，我發現很多人東西都堆滿桌子，其根本原因是桌子本身沒有足夠的收納空間，例如桌下的抽屜或是桌上的書架

因此，配置適量且符合物品高度的抽屜很重要。

如果桌子本身沒有抽屜，也可另行購買抽屜櫃、推車或是書架來增加收納量，將桌上非必要的物品都依照分類收納好。

桌上只放置常用的物品，或隔天預計要使用的物品，可以讓你一坐到桌子前就直接進入專注模式，提高我們的工作或學習效率。這不管是針對公司的辦公桌或是家裡的書桌都很適用。

三、減少物品取得的步驟跟難易度

取出物品的步驟要越少越好，讓你可以更容易取得它。整理時除了依照物品種類分類，也要依照使用頻率再進行細分類。

將常用的物品放在你不需要抬高手或是彎下腰、蹲下來就能直接取用的區域，這個範圍就是我們放置物品的「黃金區」。黃金區裡還可以再細分類：比較常用的靠外面，相對沒那麼常用的物品則放置在裡面。

最上方的空間則拿來放置最不常用的物品。以衣櫃來說的話，最上面就可以放置半年才會用到一次的換季衣物或棉被。

書櫃上的書前面不要再放擺飾或是相框，不然拿書前還要把這些物品移開，才拿得到書，如此不便的話，就會減少閱讀意願。

也許有人會覺得這樣就不能充分利用空間了，不過我認為**整理收納的用意在於「讓生活更方便」「空出更多自由的時間」，所以最好一眼就清楚位置，能夠快速取出跟歸位，而不是「把空間儘量塞好塞滿」**。

收在抽屜裡或櫃子裡的收納盒也儘量不要有蓋子，不然就必須多一個掀蓋的動作才拿得出東西。

不要小看這個動作，除了沒辦法一目瞭然以外，多一個步驟也會讓你覺得拿出來或是收回去相對麻煩。當你沒辦法進行直覺式收納，就很容易在整理後復亂。

四、空間以及記憶力決定物品量

上一點提到要讓物品容易取得，基本上物品數量就不能過多，因為太多的話，有些物品必然會收到不好拿取的地方，甚至要層層疊疊地收納。

那要怎麼判斷物品是不是太多呢？

我推薦依照用「空間」以及「大腦記憶力」來決定物品量。也就是每個空間所收納的物品要能快速拿取，同時大腦也要記得家裡到底有什麼物品。如果做不到這點，那就是東西過量了。

尤其是衣櫥，我在上實體課程時，常常問學員知不知道自己的衣服量，只有不到一成的人知道。所以大多數人根本記不得自己到底有什麼衣服，逛街購物的時候自然容易買到類似款，也不容易買到可以跟現有衣服互相搭配的衣服。這樣不僅浪費錢，也浪費時間。

用「空間」以及「大腦記憶力」來決定物品量，並依據這樣的準則來縮減物品量。只留下愛用的物品後，就可以順利針對物品進行直覺式管理，不會忘記它們放在哪，也不需要浪費時間翻箱倒櫃才找得到。如此一來，也會因為可以直覺地將喜歡的物品拿出來使用，讓每天的生活都很開心。

不留不需要的物品，就不會經年累月在潛意識中對沒在使用的物品抱持罪惡感，覺得自己很浪費錢。這樣的罪惡感，會讓你的心靈感到不自由。所以整理的重點其實不是要丟東西，而是透過選擇跟取捨，讓我們更認識自己。因為留下來的物品，將會決定我們未來的生活方式跟人生樣貌。

以終為始，我們在整理之前可以想一想：如果達到時間自由，我要怎麼使用時間呢？我希望過著怎樣的生活呢？這樣的生活會使用到什麼物品呢？

將理想生活會用到的一年份物品通通寫下來，這些才是你真正需要的物品。沒有在清單上，其實就可以捨棄，因為過量又用不著的物品，只會對你的生活造成不便。

3-2 用整理磨練決斷力，做出更好選擇

到府時，我常在很多人的衣櫥跟鞋櫃裡看到同款不同色的衣服、包包或鞋子。這時委託人會帶著不好意思的表情告訴我，當不知道該怎麼選擇時，就會直接包色（買下所有的顏色）；不過實際往往只會穿一件，其他的都全新未拆封。

為什麼會想要包色？這是因為當手邊的選項太多時，我們容易出現選擇障礙。為了怕做出讓自己後悔的決定，不如全都買下來，心裡會比較輕鬆。

那為什麼我們會難以做出選擇呢？是因為人有一種心理，會想要**規避錯誤**。

購物時怕做錯決定，寧願全都買或全都不買；在整理時，也怕丟錯東西，或是萬一丟掉曾經花錢購買的物品，潛意識會認為當初做出購買決策的自己犯了錯。為了規避這樣的錯誤，人們就傾向於不整理、不丟東西，任由空間的雜物繼續蔓延。

沒辦法好好面對物品，不想待在混亂的家裡，潛意識就會讓你變得很忙，不知不覺地將行事曆排得滿滿的。像我以前假日會一直排外出行程，就是因為不想待在家。

不想面對物品的態度也會反映在人際關係上，你可能會沒辦法離開讓自己不舒服的關係，沒辦法劃出人際界線；做事情也會拖延，分不清楚輕重緩急。如果遇到困難，就先暫時逃到比較輕鬆的選項，暫時不做重要的事；等到事情變得又急又重要，才開始抱佛腳趕進度。就像很多人平常會花錢如流水，一旦面臨退休，或是出現買房需求，才開始急著存錢。

我們的人生樣貌，其實是透過一連串的選擇的累積而來，不過我們在過程中不一定有意識。透過整理，可以讓我們練習有意識做選擇的能力。

整理前，一定是最混亂的時期。我們透過整理物品學習取捨，重新認識自己目前的狀態跟喜好，以及未來想要過的生活。唯有認識自己，才有辦法在當下做出最適合自己的選擇，而非一般世俗的答案。但如果光只是把雜物搬來搬去，換個地方收納，那不過是在玩大風吹而已。

整理必須去蕪存菁，留下對自己真正重要的物品，所以「取捨」對於整理是最重要，也是最費時的階段。這些物品乘載著我們各種念頭，可能是懊悔，可能是曾經的美好，可能是對未來的不安，這些想法都會讓我們緊緊抓著物品不放，不願意放手。

不過如果就這樣逃避面對現在的自己，任由物品堆積，就沒辦法為現在的自己做出最合適的選擇。陪伴學員整理的時候，大家都很後悔把錢浪費在大部分的雜物上。如果是你根本就不想再花錢買回的物品，就表示你不需要；就算再貴，也都應該要斷捨離。但前面提過的**稟賦效應**跟**損失規避**，會讓你一直說服自己：「這東西很貴、很有價值，我當初買它是對的，雖然我現在用不到，但總有一天會派得上用場！」

於是你就會繼續過著這樣自欺欺人的人生，不願意面對內心真正的想法。**其實做錯決定並不可恥，最可怕的是你明明內心知道做錯決定，卻不停損，任由這樣的錯誤一直影響你——小至居住空間，大至整個人生面向。**

就像與人談戀愛交往時，你可能一開始就覺得有些小地方不太對勁，但沒有重視自己內心的聲音，只看到雙方都為這段感情付出了時間，中途喊卡好像對不起他。

直到某天發生了一個事件，你才確信對方並不是一個好的交往對象。雖然雙方的價值觀落差太大，你氣得想分手，但付出的沉沒成本卻會讓你心想：明明是他的問題，為什麼要我改？所以你繼續忍耐，等待對方有天會主動為你改變；或是你開始逼對方為了自己做出改變。

但接下來你只會浪費更多溝通、吵架、磨合的時間成本。除了被捲進去的時間成本，你也在那段時間錯失了其他更好的交往對象。**捨不得已經付出的沉沒成本，不願意面對自己內心真正的想法，只會讓你在最後失去更多**，總有一天還是要面對的。

有選擇障礙的人，建議一開始不要萬中選一，可以採用「選三法則」做為決定留下物品的方法。

對策－選三法則

市面上很多以三為一組的商品，像是小說《魔戒三部曲》、或是行銷常用的「三階定價法」。因為人腦最多可以接受的選項就是三個，太多就會有選擇障礙。

如果斷捨離時只留下一個會讓人無法決定，你可以先試圖減量，讓自己將各類別的物品減少至三個，例如：留下三個外出用的包包、三雙運動鞋，抑或是三件針織外套，其他相同性質或種類的物品，就會比較容易執行斷捨離。

不只是物品的選擇，就連每天的目標也可以用選三法則來決定。臉書創辦人馬克．祖克柏的姊姊，曾任臉書發言人與行銷總監的蘭蒂．祖克柏，在其著作《選3哲學》中就提到：只要每天從工作、睡眠、家庭、社交、運動這五件事中，選三件事來做就好。每天重新選擇當天聚焦的三件事，就不會讓你覺得人生失去平衡。⑬

當我們的目標越多，就越會分散注意力，最後什麼都做不好。

平日多透過物品做選擇的練習，我們就能夠更認識自己的需求，知道什麼對自己最重要。

而只要提高自覺，為已經購買卻又用不到的物品負責。慢慢地，不只是選擇物品，在人生的路途中，我們也能選擇出對自己最重要的事，減少做不必要的事，對自己的人生負責。像是選擇工作，選擇朋友，選擇伴侶，選擇房子，選擇結婚或生子與否。

當你願意為自己的人生負責，知道什麼是對自己來說最重要的事，就會懂得珍惜時間跟金錢，而不會隨波逐流，把心力好好放在自己身上，活出你想要的人生。

3-3 效率衣櫥是時間自由的起點

我們每天起床後，就面臨著大大小小的決策時刻：吃飯、穿衣、工作、購物等等，佔據了我們大半的心神。

人其實是一種很容易分心的生物，不只是當下面對的事情，你腦中的記憶體還會被其他困擾你的事情佔據。

想想看，是不是有些重大的決策我們會越拖越久，甚至到了最後一刻才決定。這就是因為生活中有太多事情要決策，我們才會把重要的事情一再拖延，延到專注力都不夠了，只能焦慮地草草做決定。

當我們做的決策越少，花的時間越少，完成的品質就越好，完成量就越多。這能讓你人生中的後悔越少，成就感越高，形成一個高滿意度的人生正向循環。

其中，衣服是每個人每天都會使用的物品，也是眾多物品中後續維護成本最高的物品。如果管理好衣服，就能省下大筆時間跟金錢。蘋果創辦人賈伯斯每天都穿特別訂製的黑色高領上衣配牛仔褲，就是為了要減少生活中的決策，專注於真正重要的事。

從垃圾袋衣櫥到效率衣櫥

購物狂時期的我衣服多達六百多件，這數量就算每天穿不一樣的衣服，穿上一整年也穿不完；但我居然還是天天為衣服所苦，也把大部分的時間都花在衣服上。

當時衣櫥放著我小時候的衣服，當下適齡的衣服則無處可放，只能放在垃圾袋裡，以堆疊的方式放在床旁邊、爸媽房間地上，甚至是客廳的神桌底下。

我出門前必須翻找每一袋衣物，後來也搞不清楚哪袋有什麼，拿出後又不滿意的衣服也就隨意堆疊在這些垃圾袋上。衣服都被弄得皺巴巴，還需要額外整燙才能穿出門，所以我根本就不想穿，穿來穿去還是固定堆在上面的那幾件。

每天收到的包裹越來越多，我卻越買越苦，因為不知道這些新衣服到底還可以收在哪裡，而且我最終也沒有因為換上那些美麗的衣服，成功變成我嚮往的樣子。

原因在於：我一直想成為別人。只要認識自己，就算衣服少，也能天天穿得很滿足，不需要一直逛網拍填補你覺得衣櫥少一件的黑洞。

衣服變少後我發現，我不用再花心思維持整齊，甚至也不用花時間摺。在衣服曬乾後無縫接軌吊回衣櫥的那刻，我就已經完成收納衣服的儀式，連衣架都不用換。

每天起床更衣時，也不需要特別挑選，只要先查今日氣溫，直接拿出適溫的衣服，穿搭後就可以出門，過程不到一分鐘。如果是從前的我，還會穿上再脫下，搞到快遲到才匆匆隨便穿，最後不太滿意地出門。

我之所以能財富自由，過著自己想要的自由人生，就是因為我終於打造出我的「效率衣櫥」，得以收復更多自由的時間，也才有時間投資自己。

「效率衣櫥」就是一切的起點。

「效率衣櫥」顧名思義，就是讓你的時間、空間跟金錢使用都能變得有效率的衣櫥，前提就是要將衣服控制在我們可以管理的量。

因為衣服並不是買來使用後就可以不用理會，穿完就必須洗，晾了才會乾，衣服乾了還要收回衣櫥。有些衣服甚至不能機洗，還得手洗或送乾洗，不僅費時也花錢。如果衣櫥裡吊掛的範圍太少，或衣服太多，就必須想辦法學習摺衣技巧，或是增加可以收納的用具，不然就會衣滿為患，影響到其他空間。

對於家裡有小孩的人來說，時間更是一項非常珍貴的資源。小孩如果還小，就必須仰賴父母幫忙整理。大人可能只有在換季時，才需要花上體力跟一天時間，將衣服壓縮後搬來搬去，每年周而復始。但小孩每天都要換很多套衣服，成長速度又很快，衣服汰換頻率高，如果沒有效率的衣服管理模式，大人就會被小孩跟自己的衣服困住好多天，甚至每天都在衣服中周旋。

如果你是家中負責洗衣、收衣跟將衣服換季的人，就會比其他家人少了更多自由時間。這不是要你揭起革命的大旗進行罷工，而是要你向全家人傳達效率衣櫥的重要，並開始進行整理，落實於日常生活。如此一來，你才能重拾自由的時間。

效率衣櫥的五項好處

1. 得到自由時間

每個人每天都有二十四小時，不同之處在於你怎麼運用它。

衣櫥是我們每天都會用到三次以上（出門前、回家、洗澡前、將洗好的衣服收回衣櫥）的空間。我以前出門前找衣服加上不滿意脫掉換裝的時間大約要十分鐘，但現在只要確認每天氣溫，就可以在十秒內決定要穿什麼。

算一算，一天如果省下十分鐘，十分鐘乘以三百六十五天，一年就可以省下六十一個小時；如果再省下每天逛網拍兩小時的時間，一年就可以省下兩小時乘以三百六十五天，等於省下了七百三十個小時。

再加上我以前每次換季時，都需要把衣服從壓縮袋拿出來，拿出來的衣服都皺巴巴，還要額外掛燙才能收進衣櫥。每次光我一個人的衣服，就要費時半天。一年換季兩次，等於光換季這件事就少了一天時間。

前面通通加起來，一年省下的時間就超過八百個小時，足足超過一個月！從二〇一六到二〇二〇年這四年多，我已經比以前多了三千兩百多個小時，相當於四個多月的自由時間，讓我可以做自己想做的事。

這甚至還沒算進之前用來翻找衣服的時間呢！後來我將衣服斷捨離到可以吊掛的程度，又多省下了摺衣服的時間。這也是我之所以能在斷捨離上萬件物品之餘，利用下班時間，在短短不到兩年內專精兩門專業（整理收納跟投資理財），並開班授課及經營個人品牌，最後成為全職自由工作者的原因。

夢想和目標需要投資足夠的時間跟心力才能達成，這些時間就從整理衣櫥找回來！

2. 輕鬆管理

買新衣服時，你腦中會自動出現所有衣服的清單，做為購買新衣服的依據。當你知道已經有類似款，就不要多買，或是斷捨離家中的那件再買。當所有衣服清單都記在你腦海裡，也就代表這是你可以輕鬆管理的量。

3. 輕易穿搭

每件衣服都可以輕易和衣櫥的其他衣服搭配三套以上。雖然衣服少，但可以互相搭配、和氣融融，都能當好朋友的感覺真好。

如果一件衣服只能跟某一件特定的衣服搭配，那就會變得像制服一樣，你在挑選衣服時也就不能隨心所欲，任意搭配了。

如果和其他衣服都無法搭配，也代表這件衣服可能和你的穿衣風格不搭。如果在逛街時看上的衣服，還需要另購其他衣服才能搭配的話，我就不會買下它，因為我的衣櫥將會多出兩件和大家處不來的衣服。這樣的衣服在衣櫥裡會顯得格格不入，你也一定不會常穿。

4. 收不費力

我相信「最好的收納就是不收納」，不須換季是效率衣櫥最基本的條件。

建議想省下摺衣時間的人，要想辦法儘量增加吊掛的空間，或是減少衣服量。

以前我喜歡每天摺衣服，但結婚開始負責小家庭兩人的衣服後，我發現先生的衣服少，洗完只要直接掛到衣櫥就好，不用再花時間摺。但我的衣服如果維持在七十件，就有不少衣服需要花時間摺。所以我將衣服減少至五十件，除了毛衣跟內衣以外，所有衣服都可以掛起來。

如果你的衣服很多，或是衣櫥本身的限制，有可能要同步運用摺衣技巧，才有辦法提高衣櫥的使用效率。如果衣服多，又不想學摺衣技巧，那比起日常摺衣服的時間，你將會有許多時間被浪費在翻找衣服，以及熨燙衣服上。

另外，我也將曬衣的衣架從一般外包塑膠的鐵製衣架，換成了鋁製衣架。鋁製衣架雖然貴了些，但不怕生鏽沾染衣服洗不掉，也不怕塑膠氧化脫落掉屑弄髒衣櫥。

只要使用鋁製衣架，衣服乾了就可以直接收進衣櫥，省下更換衣架的時間。不要小看換衣架的零碎時間，如果你家每天換洗的衣服量很多，日積月累，時間就是這樣一點一滴找回來的。

混亂的家常常有一個共通點，就是衣服放得到處都是，每個空間都有衣服的蹤跡。當衣服都好好收在衣櫥裡，其他空間也就一併被整理到了。

5. 減少後續維護成本

買衣服時，務必確認如何洗滌，儘量買容易維護的品項，不然後續可能會出現要額外手洗，或是熨燙衣服的時間。無法手洗跟機洗的衣服或外套還得送乾洗，付出更多金錢與時間成本。

如果你在冬天輪流穿十件需要乾洗的外套，就比只有一件外套的人多出十倍乾洗費用。以衣服的使用效益來說，只有一件外套的使用效益當然更高，因為它被穿的次數比較多。

花在外套上的錢變少，使用效益明顯提高，後續維護成本也會比外套多的人低廉。那我們為什麼還要買那麼多外套，來讓自己多花那些後續維護成本呢？

接下來我將會告訴你，我是透過哪些方法接受現在的自己跟衣服的關係、決定可掌控的數量，以及有效率的定位，讓我的衣櫥變成效率衣櫥。

定量才能掌控時間的五個秘訣

衣櫥要有效率的前提，就是把衣服維持在可以掌控的數量。當我們能管理好自己的物品，就能管理好我們的時間跟金錢。

那麼，要怎麼知道自己可以掌控的數量有多少呢？

我認為，沒辦法去規定一個人必須擁有多少物品才是對的，因為每個人的生活、工作環境、背景都不一樣。

如果單以氣溫來看，臺灣南部氣溫較高，四季變化沒那麼大，所以不太需要太厚的毛衣跟外套。有人甚至衣櫥裡只有短袖，沒有長袖上衣呢！而北部日夜溫差大，需要洋蔥式穿法，外套自然也有厚薄不同的需求。

如果以空間來說，五坪套房的衣櫥跟十坪的衣帽間，可以容納的衣服量自然不同。

不過還是可以運用收納技巧，來增加空間的收納量。

萬一衣服數量超過衣櫥可以吊掛的量，就必須花時間摺衣服，不然會不好找。而萬一衣服數量超過整體衣櫥可以容納的量，每年就必須花兩次時間進行換季：將當季的衣服從壓縮袋或收納箱拿出來熨燙或洗滌，以及將非當季的衣服用壓縮袋或是收納箱收起來。

這樣講下來，你有發現嗎？如果衣櫥本身空間不夠，你就必須增加摺衣服的時間，或是在每年抽出兩次時間進行換季。

從中就能看出你是覺得自己時間寶貴，還是這些衣服寶貴。若你覺得自己的時間比較寶貴，你就應該極力避免在衣服上花過多的時間。

接下來我將會介紹五個衣服定量的秘訣，協助你判斷手邊的數量是不是過多。透過整理衣櫥，把你失去的時間找回來。

1. 記憶力決定你的衣服量

衣櫥亂不外乎兩個原因：一個是衣服太多，一個是收納問題。

要怎麼判斷自己是屬於哪一種呢？你可以問問自己，可以馬上想起來擁有哪些衣服，並一一列出來嗎？如果想不起來，就代表衣服的量已經超過你可以管理的程度，已經超出你的腦容量負荷了。

如果你不記得有什麼衣服，每次穿搭時都會忘記它的存在，就代表它並不常被穿到。出門購買衣服時，你可能會買下家中已有的類似款，或是腦中沒辦法浮現可以跟眼前衣服搭配的選項，最後買了一件無法搭配的衣服回家。

如果要讓你的衣櫥成為效率衣櫥，就必須減少衣服的量，並維持在你能記得的數量內。

2. 依照穿著頻率來定比例

對於一般的上班族來說，每個禮拜有七天，其中有五天要工作，兩天是假日。我建議上班跟休閒衣服的比例應為5：2。

不過多數人都是反過來，因為比起工作穿的衣服，休閒服才能展現個人風格。就導致很多衣服都穿不到。像是有些人擁有很多洋裝，卻只有某些假日或是活動才能拿出來穿，使用效益很低，卻佔據了衣櫥很大的空間。

每個人的工作型態不太一樣，撇除只能穿套裝的情況，衣服最好購買兼顧工作與休閒的款式。如此一來，只要改變配件或搭配的衣服，每天都能穿。

3. 少衣穿搭法

遇到衣櫥爆炸的客戶，我都會算給他們看：

一年有三百六十五天，春夏跟秋冬各有一百八十二天左右。這邊我們先不要管外套、鞋子或配件搭配，也不計入家居服、運動褲，單純只看外出休閒服。

如果讓上衣跟下身能夠彼此搭配，那只需要上衣下身各十四件（14×14＝196，組合大於182），共二十八件衣服就可以應付兩季穿著；只要五十六件衣服，就可以應付一整年的需求，更何況有些下身還可以穿四季呢！

像我自己就不買外出短褲，儘量買四季可以穿的長褲；上衣則只買夏裝跟冬裝，秋天時則用夏裝搭配針織外套，變化出兩種穿法。我也不買太厚的冬衣，如果遇上暖冬，很厚的冬衣有時一年穿不到一次。萬一真有寒流來，只要搭配發熱衣褲就好了。

以上再加上外套、配件跟鞋子，穿法又更多，所以上衣跟下身都還可以再減少一半。回過頭看看你的衣櫥，你還敢說衣櫥永遠少一件嗎？

如果在購入時就仔細評估衣服能否互相搭配，就可以用最少的衣服，創造出最多的穿搭方式。不僅節省衣櫥空間，也省下後續的維護成本跟採買衣服的金錢。

另外提醒一點：中性色諸如黑白灰，跟所有顏色都很好搭。可以確認自己的膚色適合暖色系或是冷色系的衣服，然後將衣櫥統一成其中一種色系，裡面的衣服就一定能互相搭配。

4. 空間決定量

當你整理衣櫥後，如果已經沒有空間放，就不要再採購了。一出再一進，如此一來才能維持整理好的清爽空間。

一開始我的衣服爆量，連家中客廳都有我成堆成袋的衣服。後來我買抽屜櫃增加收納空間，學習能收納更多的「直立式摺法」，當季的衣服就足以放進衣櫥，非當季的就用壓縮袋收納至衣櫥上方，持續了幾年。

只是這樣每半年就要再將衣服重複交替，還得先一一掛燙過，實在很費時費力。最後我將衣服減至七十件，完成「不換季衣櫥」，好將心力用在更美好的事物上。

在二〇二〇年初，我又依照衣櫥的吊掛空間，將衣服再減少至五十件，更省下大量摺衣服的時間，我將它稱為「效率衣櫥」。

會有衣櫥整理需求的人，不外乎是衣服太多、收納空間太少，或是現有的收納方式不適合導致的。我也是長期摸索適合自己跟衣服的收納方法，並非一步到位。如果你想一步到位，或是時間成本較高，可以找我到府為你量身打造效率衣櫥，因為錢可以再賺，但時間沒辦法重來。

5. 洗衣頻率決定衣物數

我不喜歡做家事，這也是我斷捨離上萬件物品的原因之一。因為我發現東西少，就不需要太多打掃時間，能把大部分時間花在工作跟閱讀、寫作上。

一年多前結婚搬出來後，我從眾多家事中自告奮勇負責洗衣服跟收衣服。

其實我也不喜歡洗衣服，能不洗就不洗。雖然洗衣服是洗衣機在洗，但在衣服洗完之前我總是會心神不寧，害怕自己會忘記曬衣服，就算設鬧鐘一樣很緊張。

幾次洗衣下來後，我得出我家曬衣空間跟洗衣籃的大小，最多可以放下四天份的衣物，包括外出跟家居服、內衣褲、襪子還有毛巾，所以我就四天才洗一次衣服。

幾個月後，因為真的太懶得摺衣服，我便把四季的衣服斷捨離到五十件，衣服與毛巾全都改成吊掛式。除了毛衣需要摺，其他直接無腦掛回衣櫥就好。**衣架的數量也買到幾近剛好，這也有助於控制衣服數量。**

這樣的衣物數量會變成懶人的洗衣提示。只要我在晚上洗澡前，看到毛巾只剩明天份，家居服只剩明天份，我就知道明天只好洗衣服了。這樣就很好算出自己到底需要多少衣服才夠。

依照洗衣頻率來訂衣服量，可以算出自己需要的最少衣物數量。

公式：每隔幾天洗衣＋1天。

像我家是四天洗一次，所以4＋1＝5，我至少需要五件衣褲。

所以我並不是沒來由減少衣服，漫無目的地過極簡生活，而是透過真實計算的數字，讓自己知道不需要這麼多衣服也足夠生活，一切都有憑有據。

四季的衣服、內衣、圍巾、外套、洋裝加起來五十幾件，對一個普通上班族來說已經很夠穿。如果你的洗衣頻率更勤，衣服甚至還可以更少。

衣服少，並不是代表不買衣服，而是**因為高使用率，讓衣服耗損的速度變快，買新衣服時就可以沒有罪惡感！**要汰換衣服時再一次上街購物試穿，平常就不必浪費時間逛網拍。衣櫥也不需要太大，不用買太多收納盒跟衣架輔助。以上都可以幫你省下許多時間跟金錢。

不管衣櫥大小，只要一目瞭然，方便好找，並不需要特地將數量減到極簡的程度。並非誰衣服少誰就贏，我告訴你這些我想到的方法，主要是要讓你知道，我們擁有的已經夠多，並非你在逛街時所想的「衣櫥總是少一件」。

每個人的衣櫥都是獨一無二，你的衣櫥當然也是。請將眼光放回自己身上，這是你的生活，你過得開心、方便最重要。訂出最適合自己的衣量，讓每件衣服都能被好好使用，讓它們幫助你成為更美好的人，打造專屬自己的效率衣櫥吧！

定型才一目瞭然－直立式摺衣法

使用直立式摺衣法的衣服，就像書架上的書本一樣一目瞭然，任君挑選，不需要翻找。若材質太軟的衣服，像是雪紡衣物，就比較適合吊掛。

摺法就是將各式衣物摺成長方體後，攔腰對摺，再依照抽屜或收納盒的高度對摺。你可至以下連結索取影片觀看學習：https://reurl.cc/Op09WR

不僅是上衣跟褲子，連襪子、內衣褲都可以用這個摺法來收納。其他衣服以外的物品的收納原則也是直立式，排排站好才容易挑選。

學會直立式摺法後，並不是通通都隨意放進抽屜裡，配置上也要有技巧。

定位才有效率的七個秘訣

「適才適所」代表將適合的人放在適合的位置，衣服也是一樣的。當衣服適才適所，收放拿取才有效率。

我認為整理的重點都是共通的，當衣櫥整理好，其他空間也可以照一樣的邏輯來整理。接下來將會說明收納衣服的七個秘訣。

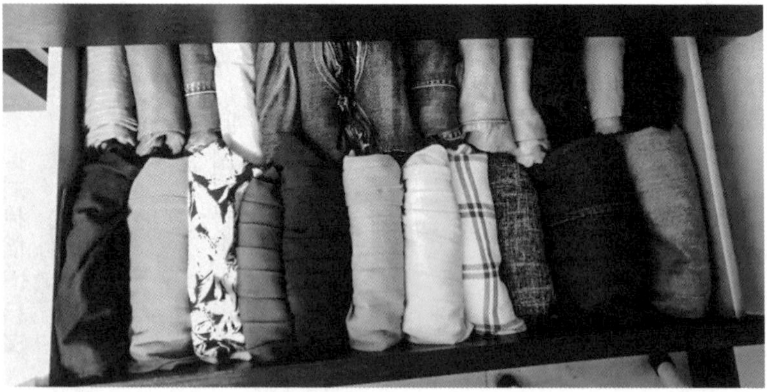

1. 依照使用頻率來收納（黃金區）

當你的手平舉起來，這個位置就是你的「黃金區」，應該要放最常用的物品，往下一格就是第二常用的物品。

每個人的身高不同，黃金區也不用像小孩的物品要往下放。如果個子比較高，物品就可以放得比其他人的物品高。

另外，工作用的衣服穿著頻率一定比休閒服高，所以應該要放在容易拿取的高度，或是越靠近外面、右邊（慣用手）越好拿。

2. 運用聯想力收納

人的穿著是衣服在上面，褲子在下面。所以我們收納的時候，不管是抽屜或是吊掛，也可以將衣服放上方，褲子放下方。

3. 同類的物品集中放

同類物品集中放在你會使用到的空間，才會好找好用、好管理。將衣服跟褲子分開來放，還可以再細分成工作用、休閒用，個別放在不同抽屜，或在吊掛時集中掛一起。

4. 物品多，抽屜內或櫃子內就要進行細分類

有時候我們會遇到不符合使用需求的櫃子或抽屜，這時可以透過增加收納用具來隔出更多使用空間，或是便於分類。

像是我在不少家庭看到襪子跟內褲都混放在同一個抽屜，這樣其實不好找。如果只剩下一個抽屜的空間，也可以在裡面另外用收納盒分開放置。

5. 依氣溫收納

現在的氣候變化多，已經很難用四季來劃分。只要打造**「不換季衣櫥」**，讓四季的衣服都得以放進衣櫥裡，就不用再額外花時間換季，又能保持對氣溫的彈性。

我推薦你在衣櫃裡採用**「氣溫」**將衣物分成不同排或不同抽屜放置。

前提是：你了解自己以及你的衣服，知道自己在什麼樣的氣溫適合穿哪些衣服。以我自己舉例，我很怕冷，所以我四季的衣服不是長袖就是短袖，再用各種外套進行洋蔥式穿法。我不太考慮買七分袖，因為七分袖對我來說不是太熱，就是太冷。

在我還有抽屜櫃的時代（現在已改成九成以上吊掛），會將長袖分成**三個**溫度層擺放（15度以下／15～20度／20～25度），抽屜裡的一排等於一個溫度層。

早上起床先看手機顯示的氣象溫度，然後再依照氣溫選擇衣服，一次就只需要看一排，省時又省力！你也可以依照自己的衣櫥設計跟衣服數量，將同溫層放在同一根吊衣桿，或是同一個抽屜裡。照氣溫來排，也可以控制衣物的量。冬天15度以下的天數不多，我只會準備兩件厚毛衣，輪流穿搭就很足夠。如果真的很介意被人家看出沒什麼衣服可以穿搭，還可以用15～20度那排的衣服另外搭配發熱衣。

6. 直覺式吊掛衣服法

大多數人的衣服量其實多於衣櫥能容納的量，所以需要充分利用每一寸空間。到委託人家整理衣櫥時，我都會儘量讓同樣長度的衣服或外套排在一起，讓下方有空間可以放收納籃或是抽屜櫃，收納摺好的襪子、內衣褲或上衣。

我自己本身是個講求效率的人，希望將時間放在更重要的地方，所以推崇直覺式吊掛衣服法。每天都可以無腦取衣是我設計這個方法的宗旨，我自己也每天身體力行。如果委託人衣櫥有充分空間，我也會建議他們使用這個方法。前提是要先了解自己，知道哪些衣服、外套是你最常穿搭的，這樣才容易維持。你也可以一開始先以直覺排放，每天慢慢觀察，再來微調。不妨先找出哪些衣服你最常穿，將最常穿的衣服或外套放在衣櫥右邊，原因有二：

1. 慣用手（若慣用手是左手的人可以放在左邊，但要注意門片開啟方向）

2. 最先開啟的門片那面（我的衣櫥是右門先開）

扣除內衣後，我的衣服只有三十多件，件件都在我的腦海裡。當我從抽屜櫃根據今日氣溫挑選好上衣跟褲子後，通常就已經決定好要穿的外套顏色，而不是開了衣櫥還要猶豫半天。記住：**節省時間，就等於節省金錢**。

我每天上班前要拿外套時，也只須打開一個門片即可。右邊放的都是我最常挑選的外套跟圍巾——開門、拿衣、關門——三個動作就完成！

如果沒有門片就更省事，不過臺灣的落塵很多，除非你的衣物很少又經常穿搭，滾石不生苔，不然建議還是有門片比較好。

7. 紀念品不算衣服，應該放在紀念品區

之前到府整理時，從委託人衣櫥拿出兩大團的婚紗，佔據了兩個大抽屜，都可以放下十幾件衣服了。

這類有紀念性的衣服不是不能留，但除非你的衣櫥真的超級大，或衣服超級少，否則建議這種不穿的衣服最好另外收納在紀念品區，跟其他紀念品放在一起。例如校服、演唱會服等等，如果不會穿上身，就可以歸類為紀念品。

衣櫥就是專門放我們平時會穿到的衣服，才不會空有衣櫥，卻沒有空間放。以上都是我透過身體力行得來的秘訣，希望你能實際運用在自己的衣櫥上，讓它成為你的效率衣櫥。

衣櫥承載著我們過往的回憶，以及對自己的期待，有購物狂生命歷程的我，可以理

解整理衣櫥真的需要下定決心。

找出斷捨離衣服的原因很重要，千萬不要為了丟而丟，因為它將會影響你日後買衣服的判斷基準。請務必好好珍惜這段與衣服對話的時光，接受現在的自己跟衣服的關係。

當初斷捨離時，我是透過以下18個判斷方式來整理我的衣櫥，後來到府時也協助不少客戶。你也可以參考以下標準，來決定要捨去的衣服，留下對現在的你真正有幫助的衣服。

衣櫥斷捨離的18個判斷標準

1. 不合身的衣服
2. 一年以上沒穿的
3. 觸感不舒服或品質不好
4. 感覺不自在的
5. 衣服狀態不佳
6. 已經過了喜歡的保存期限
7. 有不開心的回憶
8. 被強迫推銷
9. 單一種類太多
10. 沒有場合可以穿
11. 不符合生活習慣
12. 後續維護成本很高
13. 不適合自己的色系
14. 沒辦法修飾身材
15. 不符合「我要成為的人」
16. 無法互相搭配
17. 出門前會換下的衣服
18. 如果要你花錢，你不會再買它

3-4 別讓你的時間跟金錢被負債偷走

相信你在購物的時候，都會覺得放進購物車的每一樣物品都需要。不過買回家後往往會發現：這只是當時想要，並不是真的需要。就算當場想盡辦法說服自己買下，事後又會後悔亂花錢。

在你還沒辦法讓自己財富自由之前，必須用時間換錢，如果你不珍惜金錢，亂買不需要的物品，就等於不珍惜你的時間。你甚至必須花上許多後續的維護成本跟管理成本，讓自己處在一個令人煩躁的空間裡。

那麼，到底該怎麼判斷要不要購買眼前的這樣物品呢？

你可以思考：「這樣物品是資產，還是負債呢？」

買資產，不買負債

這是我的理財啟蒙書《富爸爸，窮爸爸》帶給我的觀念。書中提到了資產跟負債的定義，跟一般會計上的定義完全不同：

「資產是，能把錢放進你口袋裡的東西。負債是，把錢從你口袋裡取走的東西。如果你想變富有，只須在一生中不斷地買入資產就行了。而不是負債或買一些一旦被你帶回家使用就沒有了價值的個人用品。」⑭

我看到這段文字後瞠目結舌。那時的我正在透過販售二手大量斷捨離，深切體會到絕大部分物品只要買回家，不管有沒有使用過，都會因為折舊而大幅跌價，我家儼然就是一個賠本的小倉庫。

原來我一直以來買入的都是負債，但卻自以為是資產，結果反而佔據了空間成本而不自知。我花時間努力工作換來的錢並未得到應有的效益，浪費金錢也浪費了時間。

在閱讀這本書之前，並非商管學系出身的我，只知道要好好工作，在退休時好好使用存到的錢，根本沒想過我的錢可以幫我賺錢。這時我才知道與其買那些用不到的物品，倒不如買入生息資產（像是股票），讓錢自己賺錢；需要的物品，就等到需要的當下再買就好了。

不過該怎麼判斷物品、課程或是服務是否為資產呢？資產不一定是有形的，也有可能是無形的。我給的資產的定義有四個：

1. 當下會用到的

很多人會在打折時拼命囤貨，最後到過期了還用不完，反而浪費錢跟空間。

臺灣有非常多特價機會，包括女王節、母親節、父親節、週年慶、年中慶、聖誕節、1111購物節等等，實際算起來每隔幾個月就有特價活動，根本用不著把家裡當作倉庫來囤貨。

所以東西只要快用完再去買就好了。如果真的怕臨時用完，多準備一個庫存在家也已經足夠。

2. 讓我可以更自由的

窮人用時間換錢，富人用錢換時間。因為富人知道時間才是最重要的資產。錢再賺就有，但時間沒辦法重來。

不少人會買掃地拖地機器人、洗脫烘洗衣機、洗碗機等家事神器來省下做家務的時間，就是因為這三項家事的施作頻率很高，如果使用機器來取代人力，就能獲得不少自由時間。如果你評估了自己處理或摸索的時間成本後，發現花錢買專家的時間更加划算，這時也可以花錢解決。後面的章節將會教你怎麼算出自己的時間成本。

專家為你創造的時間價值，決定了你願意付多少錢給他，請他以專業幫你解決困擾。像是請整理師到府直接幫你解決空間混亂的問題、使用居家清潔服務打掃家中難清理的區域，或是代客遛狗、寵物美容，或保母費等等，都是請專家協助你迅速達到目標。

這樣的支出能讓你的工作或生活更有效益，釋放出更多自由時間學習，或是有時間好好休息，有更多精力應付外在事務，並用這些時間提升你自身的價值。

3. 預防日後花更多錢的預防成本

這邊提到的預防成本，諸如購屋時的驗屋費、身體的定期健康檢查，或是半年一次的洗牙跟牙齒檢查等等。

以牙齒當作例子，牙齒是我們人體寶貴的資產，如果有一顆牙齒蛀牙，也許一開始只要花一百五十元掛號費補牙就可以解決；但有些人因為太忙，或是沒有定期檢查牙齒的習慣，直到牙痛才去看醫生，這時候可能嚴重到要花二萬元做根管治療。萬一連牙齒也無法保住，還可能必須花上十萬元植牙。一百五十元到十萬元之間的差距就在於一個檢查牙齒的習慣。

人不是只有一顆牙齒，牙齒跟牙齒間又是緊緊相鄰；萬一有顆牙齒發生問題，其他牙齒通常也會一併出問題。很多人因為植牙太貴，所以就傾向缺牙，反正門牙以外的牙齒不張嘴就看不到。但他們不知道的是，這樣可能會影響到對向牙齒的發展以及咬合，甚至整個臉部都有可能會變形。

只要每年花兩次掛號費共三百元，跟日常的潔牙時間，就可以讓你省下日後大筆的金錢，這樣的預防成本就是資產。

4. 幫助我成為更好的人

資產並不是便宜就好。你要能盡情享受你買的物品，或是好好吸收它帶給你的體驗或知識，讓它可以幫助你成為更好的人。很多資產是肉眼看不見的。

如果價格比較昂貴，但你真心喜歡，而且它對你而言很實用，購買後的使用頻率高，只要你負擔得起，這樣就是資產。

以下舉三個例子讓你更了解資產的定義。

第一個例子是我擁有的一件高質感的白色上衣。

當時的購買價格約兩千多元，這價位對我來說是中高價，所以購買時我其實猶豫了一下。不過我當時試穿了眼前所及的所有白色上衣，只有這件滿足我的需求：它的版型可以讓我單薄的身體看起來比較有氣勢，設計簡單而高雅，實際上質感也很好。雖然白色必須手洗，但乾得很快，每次洗完也不需要再花時間熨燙。

最後我只買這一件就滿足了，它適合出席任何工作場合。不像以前上班時買了幾十件襯衫，但都幾乎沒穿到，這都是因為我學會了購物前要審慎思考，多方考量的緣故。

第二個例子是投資自己。

之前提過我每次失戀都陷入人生低潮，現在回頭看來卻是我變得更好的轉機。其中兩次失戀我都付費做了讓自己更有自信的事，這三筆費用都改變了我的一生。

一次是我在大學畢業後失戀時，發現戴著眼鏡讓我很沒自信，所以我評估了三間眼科，最後花了五萬元做近視雷射。

這筆手術費是當時我兩個月的月薪，但我到現在都覺得很值得。因為做完手術後，朋友都誤以為我去整形，但其實只是從內散發出的自信，讓我看起來變美了。不過這裡並不是推薦大家去做手術，建議一定要好好評估再決定，因為手術一定有風險。

另一次失戀讓我花了一筆錢去學化淡妝。三個小時就學會，老師也直接推薦了合適好用的化妝品，讓我日後有自信認識新的伴侶，後來工作時也派得上用場。

前兩筆費用都是改變外在，第三筆錢則是去上了教育平臺「大人學」的〈戀愛大人學：搞懂戀愛規則，學習關係雙贏〉這門課。這改變了我的思考方式，知道交往前要注意雙方的價值觀，也讓我改變了平常跟伴侶的相處方式。[15]

這三件對自己的投資，都讓我變得更好，這就是一種資產。

第三個例子是名牌包，你覺得它是資產還是負債呢？

網路上經常有人詢問：「我這麼努力存錢，又從來沒買過名牌，難道不能買個包包犒賞自己嗎？」但我認為「犒賞」這個想法本身就是錯的，這是商人要你買下高價卻又不實用的物品的洗腦話術。你認為存錢很苦，一直為了存錢虧待自己，才會聽信商人的話術，覺得自己需要一個獎勵來安撫不平的心情。

如果你平常就不會買這樣的物品，就能想見買回家後使用的機率也相對少，因為它對你來說像是一個獎盃，不可褻玩焉。也許你平常的穿著也無法搭配，或是無法襯托出它，這樣花大錢買名牌包是否還有意義呢？

你可以思考一下：如果你平常根本沒用過名牌包，但為了鼓勵自己繼續存錢而買了它，那這樣物品到底是資產還是負債呢？

如果你知道自己為何存錢，對你來說的最大獎就是達成財務目標或人生目標。越接近目標，你會越開心，自然不需要額外的高額獎品。

我覺得問出這個問題的人並沒有找到存錢的意義，或是訂下的目標根本不是真心想要的。這時候應該要做的事不是買名牌包，而是應該去思考：存錢到底是為了什麼？

假設名牌包就是你的財務目標之一，你可以去思考為什麼自己想要名牌包？如果找到這個目標的意義，擁有它會讓你活得更開心，這筆錢花下去才值得。

我並不是反對購買名牌。如果你的經濟能力足以負擔名牌包，平常也很享受使用它，或是你本來就想要一個名牌包，因為你覺得它能搭配你大多數的穿著風格，這個名牌包對你來說就算資產。

資產就是買了之後就享受它、盡情使用它，或是在學習後就儘量想辦法實際運用，這樣也會讓你賺錢更有動力！

其實金錢都是用我們的生命跟時間換來的，當有學員來找我做金錢整理時，我會帶他們先整理家裡，釐清自己跟物品的關係，唯有這樣，你才會認識自己到底真正需要什麼，才會好好珍惜金錢，也才會珍惜人生。

以前我會仗著自己有十幾年販售二手經驗，物品不要時可以轉賣，而肆無忌憚衝動購物；但卻沒想過萬一我思慮不周，就會損失折舊的金額。錢就是這樣不知不覺漏掉的，更何況有些人根本不會販售二手，只會把東西放在家裡直到壞掉。

雖然賣二手可以回收金錢，但其實是花時間去賣東西，用你的時間去換錢，用你未來的自由去交換。

只要購物前先退一步想清楚，再把物品帶進家裡，就是一種避免漏財的方法。當你轉變購物模式，無意間就會發現錢能夠默默存起來了。

算出你的時間成本，分辨資產和負債

提到時間成本，就讓我想到電影《鐘點戰》。⑯

這部影片的背景設定很有趣，在這個世界裡，每個人長大後都會維持在二十五歲的樣貌。到了二十五歲之後，生命時鐘就會開始啟動一年的倒數；當一年的時間用完了，生命即殞落。

為了活下去，人們必須工作以取得時間貨幣，日常所需也必須用時間貨幣支付。有錢人擁有幾百年的時間貨幣，可以活很久；窮人則不停為了一天的生計而煩惱，除了生命，連購物或搭車都得仰賴時間貨幣。

這部電影具體顯現「時間就是金錢」，以及「我們所花的錢都是用生命工作換來」的概念，如實反映出時間的稀缺性。正因為時間一去不復返，我們才更應該算出自己的時間成本是多少，以便判斷什麼才是「價值大於價格」的「資產」，別把錢浪費在不值得的「負債」上。**學會正確花錢，比拼命省錢更重要**。透過了解成本概念，學會如何善用金錢，不被物欲綑綁，才能讓我們的生活更美好、更方便，讓人生更自由。

我們擁有的金錢，是用我們的時間工作換來的。所以在購買東西、服務或是課程的時候，我會思考我要工作多久才能買到這樣物品？這樣物品為我帶來的當下或未來效益，會超過我付出的錢嗎？

如果花這筆錢可以省下時間、心力，讓我去做更喜歡的事情，甚至在未來為我帶來更高的價值；或是增加親友間的人際存款，得到的效益大於時間成本，這筆花費就是「資產」。反之，就是「負債」。

那麼，時間成本要怎麼計算呢？要算出精準的時間成本，其實很複雜，因為公司還額外負擔了我們的部分勞健保跟勞退，以及各種員工福利與教育訓練成本。**為了上班，我們必須採購服裝，所以還包括衣物的磨耗成本，以及通勤的交通成本等等**。不過你可以用簡單的方式來概算時間成本：

時間成本＝平均月收入／每月工作時數

例如，假設加計三節獎金後，平均月收入為四萬四千元，就用這個數字除以每月工作時數（可再額外扣除特休）。每月工作日三十天扣除八天休假日，一天工作八小時，每月工時即是一百七十六小時。最後可得出每小時兩百五十元，這就是你的時間成本。

每小時時間成本＝平均月收入（月薪＋三節獎金÷12個月）÷每月工作時數（可再額外扣除特休）

如果要買兩千元的東西，你就需要工作八小時，也就是一天才買得到。接下來你需要評估買這個物品帶來的效益，到底值不值得你工作八小時。

假設你自己清掃家裡需要花費一小時（兩百五十元）的成本，聘請居家清潔人員打掃則需花費一小時六百元，那這筆支出就不划算。不過如果你可以用這一小時產生超過六百元的效益（像是接個一小時可賺一千元的外包案子），那麼這筆支出就是資產。

如果是全職家庭主婦／主夫，要怎麼算出時間成本呢？這時可以用另一半的薪資跟工時算出「家庭的時間成本」，再除以兩人，就可以得出這個家庭裡每個人的時間成本。

若你有孩子，在他對「付錢才能買東西」有概念後，也可以透過定期給孩子零用錢來教會他時間成本的觀念。讓他知道自己得存多久的零用錢，才能買下喜歡的東西；等到孩子再大一點，就可以教他如何辨別資產跟負債，這就是最基礎的兒童理財課了。

學會算時間成本之後，不只是購物，連人生的決定也可以用時間成本來思考。

比較常見的例子像是夫妻猶豫某一方是否要全職育兒時，就可以算出誰在家帶孩子比較划算；還是兩方都外出工作，請保母比較划得來。

雖然也有其他機會成本要考量，例如陪伴孩子成長無價，或是離職那方可能會與就業市場產生斷層等等，但只要學會將所有成本、代價一一列出，通盤考慮得失，清楚選擇「相對」利益最大的選項，就會大幅減少事後抱怨與後悔的機率。

就像公司有沒有賺錢，要看營收是否大於成本，每個人都該有時間成本的觀念，幫助你分辨是否值得付出生命來換取這項物品或服務，或是用以判斷人生中的重大決定。

豐盛的整理練習（四）：跟著小印一起算出時間成本

每小時的時間成本＝

平均月收入（月薪＋三節獎金÷12個月）÷每月工作時數（可再額外扣除特休）

3-5 適時說NO，取回你的時間資產

生活中常會有突如其來的邀約，像是朋友臨時約你今晚一起去唱歌、同事問你要不要團購美食或一起報名課程；老闆要你周末陪客戶應酬，但那天你早就跟家人有約；又或是有個無償的機會可以讓你表現自己。以上情況你是否會答應呢？

通常我們會先考慮看看，但最後可能會因為害怕得罪人、讓人失望，或是怕錯失某些大好機會而答應。因為說「不」的內疚感真的太讓人難受了，導致我們總在行事曆裡塞滿各種行程跟待辦事項。

在斷捨離的那兩年，我其實是個很會對別人說NO的人。因為當時我的唯一目標就是清掉我不需要的東西，幫它們找個好歸宿，我就能有餘裕開始創業。所以如果不是真心想要參加的聚會，或是我還沒達到那個月的販售業績目標，我都會以「可是我要整理」「可是我還有很多東西沒有上架」來婉拒。

就連朋友發起團購，或是路上發放免費贈品，基本上我都會直接拒絕。因為我的目標就是減少我的物品，不要再過度消費，也不要再帶自己不需要的東西回家，增加我斷捨離的工作量（我把它當作是副業來經營）。

不過在我一邊維持正職工作，一邊成為「整理鍊金術師」後，為了讓自己更廣為人知，我開始把握每一個合作邀約的機會。

儘管我是個內向人，但有人邀請我合作，還是會令我感到被肯定而開心。不管合作的效果如何，或是否有收入（其實大部分都沒有收入），我還是把每一次的合作邀約都當成是我的代表作，以及人生的里程碑。內向者如我，即使只是一小時的邀約，都需要花上很多時間做事前準備。

後來粉絲團的追蹤人數越來越多，不時會有合作邀約，加上會有陌生人或親友邀請我在粉絲團推薦我沒用過的東西，或發起團購，我才漸漸開始苦惱。因為這些都需要事前的準備跟評估、調查的時間，我不希望為了少許的獲利，隨意出賣粉絲對我的信任，讓他們買下不需要的物品。

但拒絕其實比直接答應還要難！因為需要拿出勇氣，還得要有不得罪人的說詞。

每次有新的邀約時，我就會拿出行事曆瀏覽，發現自己的行程時常爆滿，常都排到一個半月後，但上面列的項目卻不完全都是我真心想做的事。

我這才發現：雖然時間是自己的，但如果我不訂下目標跟規則，並主動選擇真正想要做的事，我寶貴的時間就會被人決定該怎麼使用。有時基於某些原因，我其實第一時間會很想拒絕，但又會害怕得罪人、錯失機會，或是想取悅他人而勉強答應。像這樣的事情，不只是做的當下，連準備的時間都會讓我覺得苦哈哈。

幾次下來我才了解，如果自己一開始就不是百分之百想做，就應該明確說NO。**縱使有1%的疑慮，都應該相信自己的直覺**，寧可事前多花時間審慎評估後再做決定。即使會因為拒絕他人而內疚個幾分鐘，也不要在事後花上數倍時間收拾善後跟後悔。

想通了這些後，我用**「以終為始」**的概念來思考：如果我答應做這件事，我可以成為我想要成為的人嗎？可以得到我想要的結果嗎？我想要得到的結果又是什麼呢？還是只是浪費時間而已呢？

時間比金錢還珍貴，因為時間是不會增加，只會一直減少的資產。因為時間有限，我們不可能什麼事情都做，當你答應一件不重要的事，就等於放棄了可以做一件重要的事的時間。我們也不可能用那些一去不回的時間，試圖去討好每一個人，所以才更應該以「保護時間資產」為第一優先，這對於每個人來說都很重要。

隨著我們拓展人脈或事業，邀約會越來越多。學著對諸多看似不錯的機會勇敢且堅定地說不，雖然很艱難；但如此一來，我們才有辦法專注於自己真心想要達到的目標。

讓我們開始練習，向「對你人生一點也不重要」的事情堅定且溫和地說不，取回更多時間的掌控權吧！

◎案例（二）：學習販售二手，跨出舒適圈

當初脆脆本來是想請我代售，因為她對自己跟自己的物品非常沒自信。但她最後成為了一位非常努力，也有實質回饋的二手賣家。

當初她說：「我想過清爽的生活，可是先生認為丟東西就是浪費，雖然已經偷偷丟掉很多，但家裡還是有東西可以斷捨離。我不是專業賣家，所以根本賣不掉我的東西。平時上班很忙，自己上架也有困難，所以代售這個模式最適合我。」

我告訴脆脆以她物品的原價跟性質，如果讓我代售，支付的費用可能會高於回收的金額。我建議她乾脆自己學習「販售二手」，但她覺得自己的東西已經放了很久，感覺沒什麼價值；而且懷疑自己到底有沒有能力賣出去，畢竟她沒有經驗。白天要工作、回家要忙家事，她很擔心沒時間上課跟賣東西；況且先生也不喜歡她花錢上課，覺得是在浪費錢。我可以感受到她滿滿的擔憂。

但她同時也心動了——因為她覺得如果透過販售的模式，先生會願意讓她把東西賣掉，因為先生之前偶爾也會賣掉家裡用不到的東西。

期間她向我詢問許多課程的細節，我都一一回答。因為我知道，她很擔心自己做不到；但我也知道，這對她來說並不是只有選擇一堂課這麼簡單，因為她正在挑戰自己的舒適圈。所以我只是靜靜地陪伴，有問必答，希望幫她釐清是不是真心想做這件事。

如果只是為了安心而花錢付學費，學了卻沒有實際運用，我寧願她把這筆錢好好存下來。所以我開課至今，也勸退過一些學員，或是另外推薦別的方案。因為我費盡心思規劃這麼多方案，就是為了推薦適合的課程給適合的人，我不喜歡「將就」的感覺。

過了一個多月的審慎考慮，脆脆覺得是時候處理掉多年以來囤積的物品了，我們也討論了要怎樣做才不會讓先生知道她在上課，所以她決定給自己一個機會學習！不過因為脆脆在報名課程後非常積極整理家中各處，找出要賣的東西，所以最後還是被先生發現了。

先生很清楚脆脆根本沒有販售二手的經驗，所以一直追問她要怎麼賣，脆脆趕緊來找我商量。我請她向先生說明清楚後，先生也就答應讓她賣東西。

其實我覺得先生有發現真是太好了，因為我有其他學員也是在告訴家人要學販售二手後，才發現家人很支持這件事，也願意透過這樣的方法斷捨離，而不是緊抓著這些物品不放。在整理的過程中他們就會發現，真正的浪費不是把東西丟掉，而是買了東西又不用，把東西放到壞。而且也會發現自己並沒有好好保存物品，應該改變對待物品的態度，好好愛惜物品。這樣的體認也有助於節流，讓家人更珍惜錢，會知道花錢要很小心，因為賣出時是沒辦法回收全額的。

雖然脆脆一直說自己是3C白癡，但勤能補拙，她每個課程都看很多遍，甚至會在公司利用午休時看。因為怕自己記不住或是搞不懂，還會認真抄下筆記。有幾堂觀看時間到期了，但她因為覺得自己還沒完全學會，甚至會主動問我可不可以延長時間，因為她想要再多複習幾次。有這樣的學員，真的會讓精心設計課程的老師覺得非常感動啊……

我自己本身就是個有問題就會請教老師的人，所以我也會希望學員遇到問題可以問我，不要悶著不講。脆脆問的問題，應該比我其他學員的問題加起來還多！還沒遇到但突然想到的買賣情境，她也會先問我遇到時該怎麼處理。神奇的是，往往在問完沒多久就會發生預想中的情況。

脆脆也不是光說不練，度過了前面看課程跟交作業的半個月後，她接下來每天都依照我的建議上架1～3樣物品，每天都不間斷。三個禮拜後，脆脆終於開市了！而且買家一口氣就買了一千多元。後來，她又運用我教學的技巧，讓同一位買家又再跟她買了兩千元！接下來更是天天都賣出物品，上架三週內就把學費賺回來。因為初次販售就旗開得勝，本來想留下來的物品，她也都願意再進行一次斷捨離了。

如果你對於人生感到很徬徨，我想脆脆的故事可以告訴你：「當你真心渴望某樣東西時，整個宇宙都會聯合起來幫助你完成。」勇敢跨出舒適圈吧！

Chapter.4

縮短
與財富自由的距離

4-1 財富自由的三大數學觀念

很多人都以為財富自由很簡單，只要存個一百萬就夠了，但一百萬可能一兩年就沒了。也有人以為財富自由很困難，難如上青天，此生無法見。不過我們國高中時在課本上早就學過相關的概念，甚至在生活中已多有接觸。

但就像我學生時代非常痛恨數學，覺得為什麼得學數學，出了社會又不會用到。死讀書的我們背公式只是為了通過考試，考完就忘得一乾二淨。就算學過，也覺得這跟自己的人生無關，絲毫不會舉一反三，實際運用在日常生活中。

我在九歲的時候就知道定存可以賺利息，但等到我三十歲斷捨離後，才透過主動學習重新撿回這些知識，並赫然發現：我們在學生時代或平日生活中早就聽過、學過，並親身經歷著這些核心概念，那就是**「通膨」**跟**「複利」**，還有從複利這個觀念延伸出來的**「72法則」**。

接下來我觸類旁通，將它們活用在斷捨離上，讓我進行得更順利。在飛輪效應之下，甚至讓我得以在三十三歲達成財富自由。接下來我將會一一與你分享我從中所得：

一、通膨怪獸正在蠶食你的錢

不知道你在購物時，有沒有注意到小時候買過的東西，現在的價格是多少呢？像是科學麵，小時候一包才五元，現在都漲超過一倍了；更不用說最近連豆腐大廠都公告要一次調漲兩三成，連鎖餐廳也紛紛喊漲。為什麼會有這樣的落差呢？

這是因為物價會隨著通貨膨脹而上漲的緣故。根據行政院主計處統計，臺灣每年平均通膨率大約落在2%。[17]你小時候五元就能買到的科學麵，現在早就已經無法用五元買到。更不用說各種物價飛漲，我們食衣住行育樂的成本年年都在攀升。

即使金錢的面額都相同，現在卻必須多付出更多錢才買得起同樣的物品，這就是通貨膨脹的可怕——它讓你的錢悄悄地變薄了。

這讓我深深體會到兩個道理：

第一，要用錢買可抗通膨的生息資產

每當看到有人在網路上秀出自己過去存下的一桶桶零錢，我都為這些錢感到惋惜。就像我剛剛提到的，通膨是現在進行式，當你睡覺的時候它也不曾休息，每天二十四小時一直在發生。如果你的錢沒有存在可以生利息的地方，那它將會一天比一天更沒價值。

但有利息也不一定穩當，利息一定要超過每年平均通膨率 2%，讓你的錢帳面金額增值，不然錢本身的價值還是會被通膨慢慢吃掉。

幾十年前的銀行定存利息高達十幾%，所以不用費心思，只要乖乖存銀行就能安穩存到退休金。但現在低利率時代來臨，定存利息不到 1%。甚至連日本都已經在幾年前實施負利率了。

負利率是什麼？就是你把錢放進銀行，還得給銀行保管費。

有些人很害怕投資帶來的風險，所以會選擇帳面金額不會有任何波動跟損失的定存，覺得定存百分之百零風險，讓人感到很安心。但其實定存的風險比任何投資工具都來得大，因為它是一種「穩賠不賺」的投資。

聽到這，你也許會問：「這話怎麼說呢？不是每年都會有利息嗎？」

如果現在的定存利息高過通膨率的 2%，那當然就可以考慮。但現在的定存利率不到 1%，比 2% 還低，根本沒辦法對抗通膨的危害。

長期存下來，金錢的實際價值一定會越來越低，就像溫水煮青蛙；等到幾十年後你屆臨退休，就像現在看小時候的物價一樣，才會驚覺低利率造成的購買力下降——本來當年買得起的物品，到時候用相同金額都買不起了。

甚至當年那些定存領十幾%利息的人，如果還沒有注意到利息多年來大幅縮減，依舊將退休金繼續定存，只提領利息生活，就有可能越活越窮，甚至有天將會不得已動用到本金。因為除了利息大幅縮水以外，本金的價值也早已因為通膨而大幅跌價。

為了讓我們手中的錢不要變薄，必須買入可抗通膨的生息資產。如果只是傻傻存錢，不考慮可以抗通膨的理財工具，就算當下你的資產金額已經足夠退休，也有可能在幾十年後，因為價值大幅縮水而導致錢不夠用。

不過如果是「近期會動用的資金」或「緊急預備金」還是可以放定存，以便隨時提領，不會因急用時賣出投資標的而虧損。畢竟相較於活存，定存的利息還是高得多。

第二，不要買當下用不到的物品囤積在家

當我知道通膨背後真正的涵義時，就再也不願意用「現在價值比較高」的錢亂買「現在不會馬上用到」的東西囤在家。

你可能會想：「與其等到通膨漲價時花比較多錢才買得到，不如我在還沒漲價時先買起來囤，一次囤個幾年份！」

就像兩三年前的衛生紙之亂，好多人在漲價前買了一大堆衛生紙回家囤貨，甚至出現搶購情形；但無意識地亂囤貨，往往讓你陷入商人的行銷手法而不自知。

在囤貨之前，你可以思考以下三件事：

1. 太多沒在用的物品占據空間，就是讓空間使用效益變差。

其實無形的空間成本也是成本，因為房子都是你花錢租下或買下的。居住成本是大多數人這一生最大的花費，如果你平常沒有囤貨的習慣，居住成本就可以下降，也可以少買很多用來收納這些物品的櫃子跟收納品，**一生可從中省下幾百萬的花費。**

2. 注意使用頻率以及保存期限。

就算天天都會用衛生紙，買太多還是有可能放到受潮；如果是其他用品，更有可能過期或損壞。如果要買的話，請先計算好會全部用完的時間跟數量，也要抓些時間上的餘裕，以防效期內用不完。

3. 與其買物品債，不如買生息資產。

當你發現不小心買太多東西用不完，不得已要轉賣時，幾乎無法完全回收當初購買的資金，甚至還會因為接近保存期限而大幅跌價。不如把錢轉去買可以抗通膨的「生息資產」。就算物品漲價，但只要你的錢也隨著時間同步成長，日後的購買力一定會大於因通膨而漲價的幅度。

想通了這三點，你就不會再因為打折而失心瘋買下過多庫存。因為你會知道，當你需要時再買，才會更划算。

二、複利魔法讓你睡覺也能輕鬆賺

你曾經算過你這輩子會賺多少錢嗎？

如果以每個月平均薪資4萬元粗略計算，二十三歲開始工作到六十五歲退休，這輩子可以賺到2016萬的工作收入。

假設你的儲蓄率為50%，可以存下一半的薪水，共1008萬。有可能在北部買間房子就沒了，退休金只能靠勞退支援。

就算你結了婚，跟平均薪資也是4萬的伴侶合資購屋，兩人省了1008萬。假設生一個孩子需要500萬扶養費跟教育費，只剩下508萬，足夠兩個人的退休嗎？

重點是在現實中，不少人一生的平均薪資甚至不到四萬元，而且全家的儲蓄率要達到50%，也非一般人可以輕易達成。那該怎麼辦呢？

股神巴菲特曾說過：「如果你沒辦法在睡覺時也能賺錢，你就得工作到死。」⑱

當初看到這句話的時候，我馬上聯想到「睡覺」可以改成「退休」，驚覺到一定要想個辦法，讓我就算退休不工作，還是有持續賺錢的能力。

我開始思考：「這一生我能賺到多少錢？」「存下來的能有多少呢？」「這樣的錢足夠讓我安穩退休嗎？」

大多數人光靠薪水是沒辦法致富的。但後來我發現，就算只是一般人，沒有高超的工作能力、沒有富爸爸，只要妥善運用金錢的力量，也能從小資族晉升富人，終生不再為錢煩惱——那就是學會用複利魔法，讓你的錢努力為你工作。

股神巴菲特曾說明過複利魔法的精妙之處：「人生就像滾雪球，只要找到濕的雪和長的坡道，雪球就會越滾越大。」⑲

其中「濕的雪」指的是「複利的生息資產」，「長的坡道」指的是「時間」。這句話的意思就是：只要你儘早買入生息資產，善用時間所帶來的複利魔法，錢就可以像雪球一樣隨著時間越滾越大。

市面上其實有不少看似高報酬，但換算成年平均報酬率比定存還低的投資商品，所以我們一定要學會分辨單利跟複利的算法，才能聰明避開業務員的話術（也有可能他們本身也不清楚這兩者之間的差別，只是依照公司教的方法推銷）。

單利跟複利的差別

「單利」就是用本金計算每一次的利息，過程中只要年利率不變，利息金額不管過多久都一樣。

「複利」則是以「本金＋前期的利息」來重新計算每一次的利息，過程中就算年利率不變，利息金額還是會隨著時間水漲船高。

這樣講你可能還是無法體會兩者間的巨大差別，在這舉個例子來說明：

假設我們有本金１００萬，買進年利率６%的生息資產，來看單利跟複利第二年跟第二十年的變化差異吧。

「單利」的情況下，每年的利息是１００萬×６%＝６萬，所以第二年的本利和是１０６萬。接下來每年增加６萬，到了第二十年的本利和是２１４萬。

「二十年後１００萬的本金就可以翻倍賺，好令人感到開心！」等等！如果你現在存有這種想法，表示你真的是理財小白，很容易被一些理財商品哄騙。接下來我來說明同樣的金額、同樣的利率，運用複利會有怎樣的差異。

「複利」的情況下，第一年的利息是１００萬×６%＝６萬，雖然跟單利一樣，但接下來每年都會用「本金＋前期的利息」重新計算利息。

於是第二年複利的本利和已經比單利多出0.36萬元，到了第二十年的本利和甚至遠遠超越單利的220萬，來到320.7萬元！已經是原來本金的三倍了。

如果100萬元放到三十年後再來看，單利是280萬，複利居然高達574萬，總金額已經是單利的兩倍。

而且這還只是固定100萬的投資報酬率，如果在退休前持續不間斷定期定額投入資金，三十年後退休時累積千萬元資產絕非夢想，因為你的錢無時無刻都在為你賺錢，複利將會非常驚人。這也是為什麼愛因斯坦會將複利稱為「世界第八大奇蹟」！

儲蓄很重要，但如果能搭配複利的話更是如虎添翼。若在我大學畢業後開始正確投資，並了解自己真正的需求、降低不必要的物欲，搭配高儲蓄率，就算是小資薪水，也能在不到三十歲就能累積上千萬而財富自由。

就算你討厭數學、討厭數字，也請你一定要把上面這邊讀通、讀熟，因為這些內容可以讓你避開市面上各種理財商品的陷阱。當你遇到有人跟你推銷理財商品，第一件事請一定要確認他說的利息是「單利」還是「複利」。

你也要清楚投資的目的不只是透過複利讓你的資產增加，還必須抗通膨，投資報酬率必須高於通膨的2%。每年都有複利的效果，資產才能持續放大。

以我自己的親身經歷來說，畢業後我因為人情與強迫自己儲蓄的心態，加上不清楚「單利」跟「複利」的差距有這麼大，導致我買下了預估幾十年後能夠翻倍的儲蓄險。

乍聽之下好像很棒，但當我徹底了解「複利」後，就馬上拿出保單來計算。換算下來，年平均報酬率不僅無法抗通膨，甚至還比當時定存利率低……但當下解約就會馬上損失大筆本金，我只好繼續放著等日期到，真的是欲哭無淚。

（不過如果是幾十年前買的儲蓄險，因為當時普遍高利的關係，放到現在低利的時代，不一定不划算，你可以自己再精算評估。）

接下來我想要再就「人生就像滾雪球，只要找到濕的雪，和長的坡道，雪球就會越滾越大」這句話，來特別提醒「濕的雪」跟「長的坡道」分別要注意的事：

「濕的雪」＝「複利的生息資產」

當你的錢放對地方，買對生息資產，它會自己成長到你無法想像的地步；但如果你本金不夠高，投資收入自然也不會太高。

假設本金10萬元，投資報酬率6％的情況下，投資收入是6千元，換算成每個月是5百元。就算你提高投資報酬率到12％，每個月也才多1千元的收入。

如果要讓雪球滾大，除了夠濕（複利）以外，你還可以增加雪球本身的雪量。

如果要往外找雪，我認為比起想辦法提高投資報酬率，不如將時間跟心力花在「提高主動收入」。透過投資自己讓未來的薪資提高，或是兼職增加收入，讓你的本金提升，才是達到財富自由最快又最簡單的方法。

如果要往內找雪，你可以透過販售二手來斷捨離。**除了回收金錢以外，還能讓物欲降低，提高儲蓄率。**

另外，我還發明了一個觀念，那就是「**未來複利整理法**」。

開始大量斷捨離之後，我發現當我買下現在不需要的物品，我損失的不只是現在的金錢，而是未來這筆錢可以因為複利而產生的更多錢。

如果當你買到不適合的物品，建議儘早賣掉。因為不趕快出售換錢的話，等於失去這筆錢未來可以帶來的複利，損失的其實遠比你花出去的錢還多。

這也是我為什麼有動力把我上萬件物品儘量賣掉，進而推廣透過販售二手來斷捨離，因為這是人生必備的技能，也能讓你的金錢做最有效益的利用。

「長的坡道」＝「時間」

股神巴菲特擁有的825億資產中，有九成是在五十歲以後獲得的。[20]

如果你常看投資理財書籍，你會發現提到他的時候，重點都放在他的投資技巧，跟卓越的決策能力，以及大跌時不會恐慌停損的心理素質。但其實很少人注意到：他從年僅十一歲就開始投資，到現在已經經過了八十年。

除了投資技巧隨著時間精進，重點其實在於這八十年的複利魔法，會隨著時間增長，讓投資報酬率越來越驚人。

巴菲特已經九十一歲，他的資產雪球當然相當豐厚。他曾經說過：「我靠著三件事變有錢，其中一項就是繼承好的基因，使我長壽。」[21] 如果你身體不健康、無法長壽，也就無福消受複利帶給你的資產。建議平日一定要注意健康，撥出預算安排自己每年定期健康檢查。

時間的長度很重要，我們不清楚未來可以活多久，但我們可以控制的事就是儘早起步。越早開始，你就能越早達到目標。但如果你在六十五歲退休前幾年才開始投資，少了時間的幫忙，需要存的錢就會比三十幾歲開始投資的人多上許多。

所以在你做好風險管理（緊急預備金跟保險），並扣除短期會用到的錢（三年內會動用到的資金）後，就可以用其餘的資金買入生息資產。記住：越早開始，複利的效果就越驚人。

如果你有小孩，我會建議你把孩子的紅包錢大部分拿去買生息資產，提前部署孩子的學費自動生成系統，到時你就不用再為孩子的教育花費傷腦筋了。

孩子出社會後也可以讓他繼續定期定額，這樣他有可能在幾年內就可以退休，做自己熱愛的工作了。比起買一大堆玩具給孩子，讓孩子認識到複利的魔法，並從中獲益，這才是對孩子的未來而言最棒的禮物。

巴菲特說過：「錢會從沒有耐心的人手中，轉移到有耐心的人的手中。」[22]這在在告訴我們：雖然一開始幾年可能沒什麼感覺，但複利的爆發力是越到後期越強大，有耐心的人終能享受複利的甜美果實。

當我知道複利的時候，我很後悔自己浪費了十幾年亂買東西。在斷捨離後，除了上課的學費、買書，以及日常開銷以外，我已經不會主動去看網拍、逛街購物。也許有人會覺得我過得很拮据（其實離開學校後，要學任何知識都不便宜，雖然比衣服還貴，但值得），但我知道自己並不是在犧牲生活品質來存錢，而是知道買「我需要的東西」就能讓自己獲得滿足。

前期用存下的錢買入生息資產，致力建構自動生錢系統；未來就靠著投資的收入來支付生活支出，我也是因為這樣才得以達到財富自由。

三、72法則讓你本金翻倍

72法則是一個快速計算出幾年後本金可以翻倍的方法，讓我們馬上就可以得知這樣複利的年平均報酬率到底值不值得投資。[23]

公式是72除以個人投資的「年平均報酬率」（必須是複利），可以算出在這樣的年報酬率之下，需要「幾年」本金才會翻倍。

舉例來說，如果我們將錢放在一個平均年報酬率6％的投資工具，那就是72÷6＝12，需要十二年的時間才可以翻倍。

那如果放在定存呢？

依照現在的定存利率0.8％，72÷0.8＝90年，你的資產居然需要九十年才會翻倍，那你在有生之年也看不到了。

6%跟0.8%，表面上的數字看起來好像沒有差很多，但本金翻倍的時間居然相差了七十八年之多！這就是前面提到的「複利魔法的力量」。當你投資報酬率越高，累積的時間就不需要那麼多，效果也才會越驚人。

這法則也讓我們清楚知道，就算不需要考慮通膨，定存的投資報酬率還是太低了。

在我斷捨離之後，我整理了自己的金錢觀，轉而相信自己會財富自由。我開始嘗試了解有錢人的思考方式跟賺錢模式，發現有錢人有很多創造財富的方法，但其中最簡單的方法就是透過投資與複利的概念來創造財富。一般人其實不需要理解什麼高深的數學原理，也能輕易達成，只需要儲蓄率夠高，放對地方並持續投入，耐心等錢慢慢長大，有朝一日一定能達成財富自由。

4-2 算出你的財富自由數字

你想財富自由嗎？需要多少錢才能讓你財富自由呢？

如果你連這個答案都不清楚，永遠都無法財富自由。如同我們去不了連方向都搞不清楚的地方，如果想財富自由，首先你要先知道財富自由的定義。

在維基百科裡，它的定義是這樣：

「財富自由是指你工作並不為了錢，而錢完全夠用的狀態。只要你的資產產生的被動收入等於或超過你的日常開支。如果進入這種狀態，我們就可以稱之為退休或其他各種名稱。

「只要不發生什麼重大的災難，你就可以生活下去，或者你可以選擇你自己真正喜歡做的事，而不是為生活所迫地做那些你不樂意卻又無可奈何要做的事。

「財富自由跟你是否年輕或有多少錢無關。如果你能從本職工作以外的途徑賺到足夠你日常開銷的錢，你就已經財富自由了。」[24]

所以財富自由並不需要像首富那樣擁有上億資產，只要你不工作時，你本身的資產可以帶來源源不絕的被動收入，足以支付日常開銷，不需要擔心生活，這樣的狀態就是財富自由。

這時候的你可以不為五斗米折腰，隨時可以選擇自己喜歡的工作或生活方式，隨時都可以退休。也就是說，「被動收入大於生活支出」是財富自由的必要條件。而每個人的生活支出都不一樣，所以被動收入的金額也就不同。

那所謂的「被動收入」是什麼呢？

被動收入就是一開始需要相關技能與時間建置，或是累積生息資產，後續會幫你買單的自動生錢系統。

需要相關技能建置的方法，主要是為了將自己的同一份時間出售多次，只要花上一次時間，後續有人買單就能進帳。像是出版書籍、製作線上課程、YouTube 影片、照片或作品授權、LINE 貼圖、製作知識內容網站等等。

不過這種收入來源無法控制，有賣出去才有錢。除非你已有暢銷多年的書籍或唱片版權，或是頻道追蹤人數破百萬，影片觀看人數驚人，否則不能算是穩定收入。

其中不少方式都需要持續經營，才能讓收入持續增加。加上有技能門檻，並不是普遍大眾都能入門，我覺得只能當作財富自由的收入甜點。

如果真的要財富自由，建議一定要累積生息資產。生息資產諸如買房出租，定期獲得房租收入；或是買股票或基金，每年或每季都可以領到配息。如果買對房子，或是選對股票或基金，房租跟配息甚至會年年成長抗通膨！

這個方式的入門門檻很低，只要你存得下錢，人人都可以開始進行。

累積生息資產對每個人來說都很重要。因為我們總有一天會面臨退休，失去工作上的主動收入。前面提過工作多年累積的退休金也不一定夠用，不知道你算出來的結果又是如何呢？

如果結果不如預想也沒關係，想要過怎樣的退休生活，可以從現在開始規劃。

接下來我要告訴你，如何算出讓你能財富自由的數字，存錢才會有目標。如果這目標是你真心想要，你就會像我一樣想辦法達成。當你的生息資產存到這個目標，你就能達到財富自由。

4%法則

想要財富自由的人，一定要知道4%法則。4%法則是美國麻省理工學院的學者威廉・班根在一九九四年提出的理論。㉕

這個理論提到：只要每年從你的生息資產裡提款 4% 當作退休金，你的資產不會逐年減少，甚至還會增加。

這個理論也廣泛地受到全世界的 FIRE 理財族（透過財務獨立，達到提早退休的族群，我也是其中一員）參考，做為計算財富自由數字的基準。

那這 4% 是怎麼來的呢？依照目前的歷史經驗，股市的長期年平均報酬率通常在 6～10%，扣掉 2% 的年平均通貨膨脹率，每年提領 4% 的股利才不會侵蝕本金。當年平均報酬率高於 6%，扣除通膨，資產還會持續成長。

如果沒有臨時性的大筆支出，或是遇到年平均通貨膨脹率飆漲，這筆資產一輩子都用不完。不過前者很好解決，只要另外準備緊急預備金，就能以備不時之需。

財富自由（退休金）數字＝年支出÷4%

假設年支出需要 36 萬元：**36萬÷4%＝900萬**

所以你只需要運用前面的複利魔法，讓自己在退休前存到九百萬，就可以月領三萬安心退休！不管這時的你幾歲，只要財富自由，就能拿回生活跟工作的掌控權。越早開始準備，就能透過複利魔法的力量越早達成。

如果你持續上班族的工作到六十五歲，自己跟公司每年都有提撥退休金，再加上這筆退休金，日子一定可以過得比退休前還要愜意。

說到這有人可能會有疑問：人生的變化太大了，怎麼能確定接下來每一年都能靠三萬元活下去呢？的確是這樣。我們的花費在將來確實有可能變大，但也有可能變小；而就像經營公司都要規劃預算一樣，我們也可以先做好人生規劃。

人生規劃諸如要不要買房、買車、結婚生子……這些費用都要考量進去，才不會在好不容易達成財富自由後，又為了孩子的教育費而不得不回去上班。如果自己無法一一釐清，可以找專家幫忙，這也就是為什麼我的學員會來找我做金錢整理（財務規劃）的原因。

我們的人生規劃當然有可能趕不上變化。當生活型態改變時，就要馬上調整你必須準備的生息資產，因為人生規劃大於財務規劃。

盤點手邊資源

在我算出我的財富自由（退休金）數字後，我已經知道要存到多少錢才能退休。知道目標後，接下來就是要搞清楚我現在人在哪裡，距離目標到底有多遠，於是我開始盤點我的現金資產。

為了解掉學生時代打零工辦的戶頭，我將所有的銀行存簿跟卡片都翻出來，頓時發現自己多了幾萬元。但之前提款卡都隨便亂丟，導致要解約時找不到，有些銀行規定比較嚴，必須多付一筆工本費辦新卡才能解約，不整理的下場真是浪費錢又不環保。

這也給我一個警惕：我之後將不常用的提款卡跟信用卡都用名片收納本收好，銀行存簿則和收納本、外幣、其他金錢相關的物品統一收在同一個抽屜。我相信，當金錢相關物品放在一起，它們彼此有伴，就會比較有安全感，也會號召更多同伴來！

當時我的理財方式除了活存跟定存以外，還有一張儲蓄險。這是剛出社會時基於人情而購買的。當時為了強迫儲蓄，我決定年繳十萬，還買了一張兩萬多元的保單，對於當時薪水只有25～28 K的我，算是滿大的財務負擔。而整理所有資產後我才發現：這張儲蓄險在這六年完全沒有利息！就算我已經繳滿了六年，解約後居然只能拿回不到五十萬。

原來在這樣的強迫儲蓄之下，有十萬多都被拿去繳了保障非常低的保險，以及保險公司內部的作業費用；就算第七年開始有利息，也跟定存利率差不多……當初我怎麼不存定存就好了呢？

但如果要解約，一下子損失十萬元實在太痛了，我只好把它放到第十年，滿六十萬再解約。其實也可以滿六年後馬上解約，將這筆錢投入年平均報酬率 6% 的生息資產，不過我就先把它當作緊急預備金繼續放著。

這也讓我驚覺：多數人選擇的理財方式不一定是好的，而且在投資理財上不能全然相信親友，必須自己先全盤了解理財商品後再購入。因為在**這世界上，沒有人比你自己更在乎你的錢**。

存不到財富自由數字怎麼辦？

如果以現在的儲蓄率，實在沒辦法在退休前存到九百萬，但至少想在六十五歲前退休，那該怎麼辦呢？

只要還沒退休，或是花完了錢坐困愁城，都還有機會。因為理財有兩個萬用方法──「開源」跟「節流」。

「開源」就是增加收入。舉凡需要技能建置的被動收入，或是兼差、換更高薪的主動收入；抑或是把所有不需要的東西賣掉，想辦法讓自己的收入增加等等，這些都是開源的管道。

「節流」就是讓自己的物欲降低，不買不需要的東西。如果真的需要購買，先找看看是否有較便宜的二手物品，或是免費索取的管道，減少每月支出。尤其現在斷捨離當道，很多人除了二手物品以外，甚至會將全新的物品便宜轉售或免費贈送。

減少每月支出後，若將你的支出降低到每個月只需要兩萬五千元，每月少花五千，你的退休金就只需要存到七百五十萬，等於可以少存一百五十萬，提早達成財富自由。有些人可能會覺得用存的根本存不到，不過如果早點開始累積有複利魔法的生息資產，就有很大的機會能實現！

假設你現在三十歲，想要提早五年退休，只要現在開始每月投入1萬3500元在年平均報酬率6%的生息資產，就能在三十年後存到1358萬元（計入通膨，屆時等於750萬元的購買力）。等於現在每個月只要存1萬3500元，三十年後每個月就有4萬5284元可以花（經過每年通膨2%，三十年後的2萬5千元約有4萬5284元購買力）。提早存錢，就能讓未來的自己有兩倍購買力的錢可以用，是不是超級值得呢？

沒有富爸爸的我就是開源、節流同時進行。一開始賣我自己不要的物品，努力讓這項收入足以支撐我平日支出。因為正在斷捨離，我也規定自己除了消耗品以外，若要買物品，就要三出才能一進，儘量提高儲蓄率。斷捨離不到幾個月，我就戒除了看網拍的習慣，同時花時間跟學費投資自己，讓自己一年比一年成長進步。物品賣完後我也開始在正職之餘兼差。也因為我原本就有儲蓄習慣，才能在三十三歲達到財富自由。

物欲降低其實並沒有讓我過得很苦，反而讓我知道什麼事物對我來說最重要，值得我用工作換來的錢來購入，讓我每筆錢都花在刀口上。畢竟我的所賺的每一分錢，都是用生命換來的；而這些錢除了花掉，我還可以選擇讓自己的未來更自由。

欲望少且容易知足者，比物欲多的人更容易達到財富自由、時間自由和心靈自由；因為你不需要外在的物品帶給你快樂，你自己就有能力讓自己快樂。

當你需要的少，緊急預備金、購屋資金、財富自由（退休）等財務目標的儲蓄準備就不需要太多、太久。甚至也因為物欲減少，不需要勉強自己犧牲與家人相處的時間，在高薪但高工時的職位上餬口飯吃，能擁有更多選擇工作的彈性跟自由。

以前我們認為的退休金，是要在退休前累積資產，退休後慢慢花用。但有個顯而易見的問題：沒人能預測自己可以活多久。萬一我們比預期的還要長壽，就有可能在走到人生終點前就沒錢可用，必須仰賴兒女。這也是傳統觀念「養兒防老」的原因。

臺灣目前面臨高齡化跟少子化的危機，如果每個老人都需要子女奉養十數年，甚至數十年，子女就根本沒有多餘的錢可以養育下一代。少子化只會更加嚴重，我們的下一代甚至可能沒辦法存夠退休金，陷入無人奉養的窘境。

身為兒女的我們都知道，現今我們都已自顧不暇，不少人根本沒有多餘的經濟能力扛下全額照顧父母的重擔。「己所不欲，勿施於人」，不管你有沒有下一代，都應該要負起責任準備好這筆錢。唯有讓自己財富自由，才能隨時做好退休的打算，不在經濟上仰賴他人，也才能讓長壽變成一件可喜可賀的事情。

來小印的販售二手社團挖寶

小印有個臉書社團，販售幫代售客戶釋出的高品質品牌好物，其中八成都是全新品！若你有需要，歡迎來挖寶。幫你省下錢，也讓物品能夠找到適合它的新主人。讓我們一起為愛護地球盡一份心力！

網址：https://reurl.cc/5G5agR

4-3 儲蓄才是致富的捷徑

薪水高才能財富自由嗎？其實賺得多並非財富自由的必要條件。很多人賺得多，但花費也多，因為人性就是會比較，當你賺得多的時候，就會想要跟身邊薪資條件相同的人一樣全面提升生活品質，讓自己的生活配得上優渥的薪水，才不枉費辛苦工作。

另一個原因是薪水高往往伴隨著高壓力、高工時，在身處高壓的情況下，很容易為了紓壓而買下不需要的物品。

當你的錢全部都拿來維持表面光鮮亮麗的生活，或是紓解工作壓力，自然就沒有多餘的存款，因為金錢資源是有限的。

當你計算自己擁有的資產時，這些維持高生活品質的花費是否也能算在內呢？想必是不算。因為這些錢都已經付出去了，已經是別人口袋裡的錢了。

之前提過《富爸爸，窮爸爸》裡曾說，**「資產就是能把錢放進你口袋裡的物品，負債就是把錢從你口袋拿出的物品。」**所以這些用來「提升生活品質」的物品，其實通通都算是負債。㉖

那些外顯的物質充其量只能顯示「你很會花錢」，並不代表「你很有錢」。雖然人們看到你過的物質生活，會覺得你很富有；但關起門打開存摺一看，只有你自己才知道財富到底有沒有真正累積下來。如果有一天沒辦法工作或收入下降時，你的資產還足以支撐起這樣的生活品質嗎？

這世界上的一切都充滿變數，有很多我們都無法掌握的事情。我們不能控制老闆會多給你多少薪水，也不能確定投資報酬率一定會有多少，「儲蓄」則是唯一能操之在己的事情。透過你選擇的生活方式以及價值觀，就能決定你的儲蓄率有多少。

你覺得，要說服老闆為你加薪比較簡單、擁有高超的投資技能來提高投資報酬率比較簡單，還是決定自己要存下多少錢比較簡單呢？

大部分來找我做金錢整理（財務規劃）的學員都覺得收支管理很難，所以才存不到錢，但最大的原因是因為他們不知道自己有選擇的自由，以為人生只有一種活法，以為只能這樣花錢才過得好。但你目前的生活方式跟用錢方式，是你真心想要的嗎？

臺東的陳樹菊阿嬤就算擺攤賣菜、不會投資，依舊可以捐出上千萬行善，靠的就是省吃儉用的存款。她的金錢價值觀就是「錢夠用就好」，她的財務目標就是想要透過捐款幫助更多需要幫助的人。

當我們找到自己想過的生活，堅定自己的價值觀以及財務目標，才有辦法為這個目標努力。我曾經被問過：「為了老年生活存錢，太遙遠看不到，而且老了也不需要打扮；現在不花，老了給別人花，有什麼更好的存錢理由嗎？」

這位提問者的價值觀應該是及時行樂，所以覺得今朝有酒今朝醉。他的重心只放在「存錢是為了老年生活，實在太久了，不然就是給孩子花，不值得。」因此有可能淪為月光族，甚至在老後面臨無錢可用的窘境。

他不知道的是，我之所以鼓勵存錢，是為了讓人可以提早財富自由，從出售自己的時間中解放。當你有金錢跟時間餘裕「提早退休」，才能去做自己想做的事，而不是等到老了退休之後才有空。

誰說要老了才能退休呢？財富自由後就可以從沒有熱情的工作退休了。當你不再需要用時間換錢，本身就有源源不斷的自動生錢系統，就能生活無虞。喜歡工作的我選擇退而不休，繼續投入更多心力在自己有熱情的事業上。

我在三十五歲就從全職工作離職，退休開始做我自己想做的事。

三十五歲是老年生活嗎？我覺得我還年輕呢！三十五歲就能財務獨立，過著自己想過的生活，不用擔心錢，也不需要為五斗米折腰。

我離開原本的公司後，遇到不少人問我這類的問題：「為什麼會離職？為什麼會全心投入妳原本的副業？離職不會沒有安全感嗎？」

其實在離職前，我也經過一番掙扎，畢竟固定且穩定的收入來源真的很誘人。不過我存錢的目的，原本就是為了讓自己早日從朝九晚五的工作解放，可以自由並安心地做自己有熱情的事。我的被動收入已經足以支撐支出，有沒有公司給的固定收入也已經沒那麼重要了。

當我們曉得這世上有很多種活法，並找到自己最想要的生活，就能跳脫出原本的命運，主動選擇並一步步實踐自己想要的人生。

雖然說儲蓄是致富的捷徑，不過最大的關鍵是你有沒有耐心。這世上最不缺的就是短視近利的人，明明知道為未來的自己儲蓄很重要，但常常因為眼前的誘惑又破功；或是只要沒有快速得到自己想要的結果，就會馬上放棄。

但所有的成就，都是需要長時間累積。讓我財富自由的本金，有八成以上都是我存出來的。我在這幾年斷捨離時存下的錢，比我從小到大存的還要多。本金夠大加上購買合適的生息資產，為我創造了源源不斷的被動收入，讓我得以財富自由。

為了之前提過的「嫁妝錢」，我會固定存下一部分收入。而如果錢不夠用，我就會去兼差賺錢，好讓收入可以撐起我的購物欲。我的購物欲強大到激發我的賺錢動力，讓我天天工作並樂此不疲，因為我當時賺錢的目的就是為了花錢。

不過現在想想，為了這些物品債而花上更多時間賺錢，真的不太值得。因為理財的重點其實不是賺多少錢，而是存下多少錢，以及有多少錢能在你睡覺時繼續為你工作。如果我早點醒悟，對生活感到知足，就能在三十歲以前達到財富自由了。

這也是我為什麼開始斷捨離後，會開臉書粉專推廣我的理念，就是希望讓更多購物狂覺醒，不要再買用不到的物品債。對我們人生來說，**最重要的是了解自己真正的需求，透過買需要的物品，讓每一筆的消費都有意義。如此一來，讓我們的時間跟金錢得以自由，投注在自己有熱情的事物上。**

如果想要財富自由，知道自己會為了什麼真正開心很重要。因為很多讓我們開心的事情並不需要花太多錢，或是可以用比較不花錢的方式代替。當你不需要花太多錢就能感到快樂，財富自由的門檻就會遠低於需要靠物質填滿自己內心黑洞的人。

如果你不滿意現在的存款，以致於無法達成你想要的財務目標，要知道這一切都是你過去的累積，也是你未來的縮影；若不從現在起開始規劃，之後退休沒有工作收入時，你會更後悔。

很多人會急著想靠投資或一些鋌而走險的槓桿來追趕過去失去的光陰，但一味追求速成，往往會讓你將自己置於極大的風險之下，甚至讓累積多年的資產一夕化為烏有，背上鉅額債務。

慢慢來，才會比較快。透過投資可以產生複利效應，但就像滾雪球一樣，也是需要長長的坡道（時間）才能越滾越大。千里之行始於足下，儲蓄才是致富的捷徑，當你沒有雪球可以滾，或是雪球還不夠大，再高的投報率也很難讓你財富自由。

4-4 緊急預備金讓你有金錢安全感

多數人會趁著折扣優惠活動，購買各種物品囤積在家，以便不時之需；但卻很少有人會實際儲存適量金錢，以備不時之需。

比起無法馬上變現的物品，金錢才是我們遇上緊急狀況時最好用的資源。與其囤物，不如囤錢來讓自己有確實的安全感。如果真的要囤物，也請你先好好地把該要存的緊急預備金存起來再說。

二〇二〇年臺灣金融研訓院的調查結果提到：「歷經逾半年的規劃及全國性電話訪查，描繪國人的金融生活面貌，以及量測國人金融風險抵抗力，涵蓋臺澎金馬共二十二縣市，共22061位成功受訪者。有19．5％的民眾無法在一週內籌到十萬元，而15．5％連支應生活都有困難。」[27]這指出一旦面臨突發狀況，不少人將沒有能力面對經濟上的負擔。

所謂的突發狀況，並不是要買衣服、買新手機錢不夠這類小事，而是自己或家人／寵物生病、遭逢意外、懷孕，或是被裁員，突然需要一大筆錢來支應的情況。這時我們可能會失去工作能力，少了收入來源。

人生處處有風險，雖然不一定會遇到，但如果有一筆緊急預備金在身上，總是會比較安心，也可以降低對金錢的不安全感。

對金錢的不安全感會消耗人的注意力，讓人不時分心為未來感到憂慮，自然就無法好好活在當下；甚至還會因為遇到無法承受的風險，瞬間智商降低，當下無法冷靜選擇對自己最有利的選項。

有學員曾經跟我說，她不太敢花錢，因為她不知道手邊的錢到底夠不夠應付未來可能發生的風險，所以每次花錢都讓她好有罪惡感，但卻不知道該怎麼辦。由此可看出在有金錢底氣的情況下，比較能冷靜地做出對自己或家人的人生最有利的判斷，像是主動離開不適合的工作、讓自己或家人生病時選擇適合的醫療資源等等。

緊急預備金跟退休金一樣，是每個人都需要重視，且必須花時間去累積的。其中，緊急預備金是最基礎的理財知識，也是最基本的理財門檻，但很多人往往不知其重要性。來找我做金錢整理（財務規劃）的人，有不少人在存好緊急預備金之前，就先開始進行投資。甚至還開財務槓桿（借信貸或是保單借款）來投資。

因為他們覺得與其存緊急預備金，放在定存也只能領不到 1% 的利息，不如拿去投資可以賺到 6%，這樣才更划算。

但萬一臨時要用錢，有絕大的可能性是在經濟不景氣的情況下，你必須馬上從投資的部分抽出一些錢來用。這時，你就有可能面臨賣在低點，錯過將來上漲的機會，也讓自己的投資計劃被迫中斷的情況。

如果你還沒存到緊急預備金，請不要直接越級挑戰投資，因為這有可能讓你面臨自己無法承受的風險。

緊急預備金是什麼？

緊急備用金必須是高流動性的資產，以便隨時提領使用。

緊急預備金要準備多少錢？

這是每個理財新手都會有的疑問，甚至有人以為只要身上有幾萬塊就夠用了。若是這樣，那你真的太小看風險來臨時可能產生的花費了。但準備太多，也是一種浪費，等於少了部分投資在建構自動生錢系統的資金。

我會建議一般人至少要存半年以上的生活費，因為人生有太多不可預期的事。像是這次新冠疫情，就對許多行業造成很大的衝擊，不管你是受僱者，還是自行開業，都必須承擔疫情的風險。有不少店家因此倒閉，不少人也紛紛學新技能轉職。

另外也想提醒有養寵物的人，最好為每隻寵物存到十萬元當作緊急醫療金。

毛小孩是我們的家人，我們一定會希望在牠們生病時，能得到妥善的醫療資源與照顧。但寵物沒有健保，所以每次看醫生的花費都不便宜。如果要開刀或住院，再加上醫藥費，常常都需要數萬以上的費用。如果毛孩上了年紀，還得定期購買保健品來延緩退化，又是一筆固定支出。

平常沒有存款的人，這時候就必須縮衣節食來存錢，或是到處跟親友借錢，才能讓牠們看醫生。但有些病狀是拖不得的，如果因為自己沒錢的關係，導致心愛的毛小孩得不到必要的醫療與照顧，這時候萬般後悔也來不及了。

4-5 減少物品省下住宿成本，少奮鬥十年

物品少，可以讓你省下幾百萬的住宿相關成本。房子其實是人的一生中最貴的物品，當你可以從這邊的支出省下來，金額就會相當可觀。

根據國內幾家房仲集團統計，一般人因人生階段改變，一生的換屋次數，平均是約三到四次；若是租屋族群，換屋頻率更高。㉘

不管你家的房子是買的還是租的，都需要付出金錢，包括頭期款、貸款、房屋稅、地價稅、管理費；甚至還有換屋產生的搬家成本跟裝潢成本、相關手續費等等摩擦成本。你每換一次房子，就多浪費一次過程中產生的摩擦成本。

我們來想想，假設你的房子一坪價值三十萬，請問你家一坪有放到價值三十萬的物品嗎？

我想大部分的人應該都沒有。這樣的話，是不是空間比物品還要貴呢？當你浪費空間，就是浪費錢；你買了越多用不到的物品，就必須要花越多錢住大房子。

如果用十坪的空間放雜物，就得花費三百萬元（還不含貸款的利息）。如果物品多，還要花大筆錢設計系統櫃跟買各式收納用品，就為了收納很多平日用不到的雜物，零零總總的花費加起來可能超過三百五十萬。

但這些雜物的總價值有值三百五十萬元嗎？三百五十萬你需要工作多久才存得到呢？到底是這些物品貴重，還是房子貴呢？

比起斷捨離，捨棄那些沒在用的物品的購買成本，我看到的是浪費空間的這幾百萬的花費。

當你只留下自己有在使用的東西，物品少了，可利用的空間自然而然會變大，這是相對的。當你不需要買大房子給物品住，就不需要買很多收納用具跟櫃子收納平常沒在用的物品。這樣是不是就可以省下很多錢了呢？

頭期款、房貸、管理費、每年稅金、裝潢費、收納用具的錢、搬家費，甚至煩惱、整理物品的時間成本——只要把這些都省下來，就可以少奮鬥十年。隨便就是省下幾百萬，可以大大提前你達成財富自由的時間。

像我結婚後搬出去租屋，打包行李、自己用小客車載運、打掃上架總共只花了一天，省下不少搬家的時間跟運輸費用。

我在到府時，發現有很多人讓一大堆物品占據了家中的重要位置，導致自己生活不方便、不舒服；甚至會覺得是因為房子太小，或櫃子不夠放，而小屋換大屋，或是重新裝修，花費非常多錢來安置這些八成以上用不到的物品。

也因為不記得自己有什麼樣的物品，常常購買過量，甚至光同樣的物品就有很多個。如果我沒去協助他釐清這些，這樣流失金錢的行為會持續到什麼時候呢？

重點從來都不是空間太小，而是物品太多；不是錢存不下來，而是你大部分的錢都被住宿成本吃掉了。

4-6 畫出你的財富自由藍圖

達到財富自由之後，就能連帶達到時間自由，其實就等同於可以退休了。

如果時間自由了，你想要過著怎樣的人生呢？在學員諮詢我關於金錢整理、規劃財務的問題時，不少人一開始會跟我說：「我不想工作，只想要環遊世界！」

我相信這應該是很多人的夢想，不過成天只有玩樂，真的會感到快樂嗎？

也有學員跟我說，他想要做自己喜歡的事；但進一步往下探尋，他卻又回答不出到底什麼才是自己喜歡做的事。

在馬斯洛人類需求層次理論裡提到，人的需求是有層次的。我們透過工作賺取金錢，最基本就是想要滿足我們食衣住行的生理需求。[29]

但當你得到生理需求的滿足後，這就沒辦法再成為你努力工作的意義。你會想從工作中再往上追尋，滿足更高層次的需求。像是想要工作穩定、想要從工作中得到歸屬感、希望可以得到同事跟主管的尊重與肯定等等。

最後，你會希望這份工作可以發揮你的潛能，實現你的理想。這時候的你，會對於工作感到無比的熱情，會擁有成就感以及使命感。工作將被視為滿足自我，而非致富的手段。

就像很多女性生完孩子後，不想當全職媽媽，而是想要回歸職場，因為從工作獲得的成就感無價。

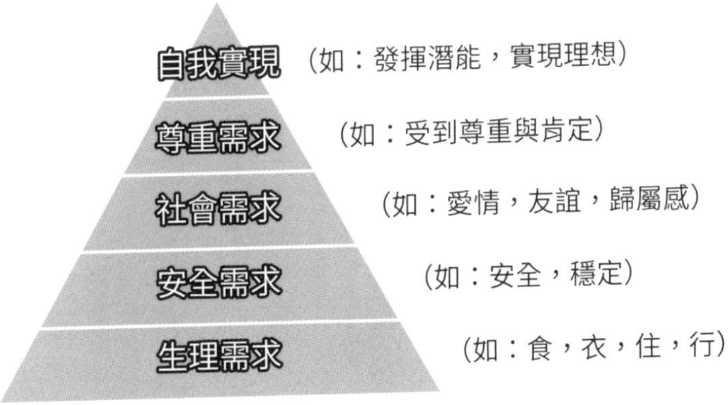

馬斯洛人類需求層次理論

當你討厭現在的工作時，你可以問問自己：「五年內，你真正想從工作中獲得什麼？」當你有明確的目標，往那個方向持續進修，才有可能真心喜歡自己做的工作，並充滿熱情。

我現在從事的工作就可以帶給我這樣的快樂。所以我才在三十三歲財富自由後，選擇退而不休，因為我的工作讓我覺得自己的人生很有意義，讓我不想停止。

我覺得最理想的狀態，就是可以自己決定工作的時間跟地點。當我想工作就工作、想生活就生活，工作跟生活已經沒有界線跟任何限制，我就能自由享受工作帶來的成就感，但又可以享受隨時出走的快樂。

這樣的我，其實是透過斷捨離的過程認識自己後，才為自己量身打造出一個專屬於我的工作——「整理鍊金術師」。也因為對工作很有熱情、很有成就感，我最終才得以達到工作自由，自由創作我想做的課程跟文章。我既可以開始，也可以隨時停止這樣的工作模式。既然如此自由，我又何必按下退休鍵呢？

在1-3一節中，我曾經提到：「思考自己要怎樣的人生，再來決定達成的方法。當我們『以終為始』，才會開始思考，如果要過著這樣的退休生活，從現在開始需要做什麼準備？不管是健康、財富、工作技能、興趣、居住環境等等。」

不知道你在閱讀本書的過程中，有慢慢思考出來了嗎？

在我斷捨離的時候，我一邊思考這些問題，一邊組織財富自由的藍圖。我每天都用未來成功的畫面激勵自己，讓自己有動力努力下去，並透過一連串具體可行且有時間表的計劃，最終實現夢想。

你可以像我一樣思考後，將這些理想的未來樣貌一一寫下，然後畫出來，或是透過你找得到的圖片素材，將理想生活的所有元素用拼貼的方式貼在一張紙上，做出你的「夢想板」。

做好夢想板後，就在腦海裡深深記住你夢想板的圖像，每天在腦海中回想這個畫面，或是每天把夢想板拿出來看。這樣能激勵你，讓你的潛意識記住它，接下來你所做的一切，將會為了達成它而展開積極的行動！

接下來就是列出具體可行且有時間表的行動方案，一步步去實踐它。祝福你，希望在未來的某一天，你能夠實現自己腦海中的那個畫面。

豐盛的整理練習（五）：寫信給小印＆加入好習慣養成社團開始圓夢！

看過我書中的敘述，你應該可以感受到，當初我在斷捨離的時候，其實覺得相當孤獨無助，無人可傾訴。

我希望我的書不只是單向的，而是雙向的。當你買下這本書，表示我們之間有緣份，我希望不是你閱讀後，我們彼此之間的緣分就斷了，我想要提供你額外的幫助或是連結。

假設你的生活中有一些很難斷捨離的事物，你可以寄信給我，把我的EMAIL當作樹洞，把這樣的故事丟進去。我不一定有空馬上回信給你，但我希望有個地方可以承接你這樣的心情，讓你知道你不是孤單的。如果要寫讀書心得給我，我也很期待喔！

EMAIL：intran55555@gmail.com（有5個5喔！）

如果你想要分享你做好的夢想板，也歡迎寫信給我，或是可以加入我的好習慣養成社團，在裡面為你設定的目標打卡。裡面有一群人也正在為自己的目標努力實踐，有同伴才走得遠，隨時歡迎你的加入！

好習慣養成社團：https://www.facebook.com/groups/648302159238695

◎案例（三）：整理金錢，發現自己的討好型人格

其實「金錢整理」跟「空間整理」還有「心理整理」都是相輔相成。我都會問來找我學金錢整理（財務規劃）的學員一句話：「家裡整理好了嗎？」

結果大家都是否定的。於是我會建議他們先從整理自己的空間開始，進而跟我學金錢整理的課程。因為當你的空間還沒整理好，整個人都是混亂的狀態，你學什麼成效都不會好（但如果已經有負債的人，算是財務重症了，請先跳過整理步驟來整理金錢吧！）

先透過整理更認識自己，就可以看出自己的財都是從什麼地方漏掉的，進而探索內心，之後就可以在消費時多加注意。

像是你可以問自己：你很常被推銷嗎？你常常買下或收下自己不想要的東西，或是被迫購買更多，然後感到無能為力嗎？

在繼續講下去之前，我想要向你分享一個故事：

大象在泰國是很知名的觀光動物。大象在休息時，會被人用鐵鍊固定在一根木樁旁。說也奇怪，憑大象的力量，怎麼會拔不了木樁逃跑呢？

其實是因為大象從小就被這條鐵鍊固定住，就算死命掙脫也只會弄得傷痕累累；等到日子久了，大象就會相信自己沒有辦法逃走。就算長大的自己已經有能力改變，牠也沒有勇氣再去嘗試了。因為牠的心裡，已經被過去的經驗跟習慣綁住了。

為什麼我要說這個故事呢？

在第一次「視訊整理教學」和「販售二手教學」的時候，學員小玉帶我看她了房間的物品。當時我詢問小玉為什麼會有這麼多箱全新保養品，這才知道她常常被櫃姐推銷，分期付款買下根本用不完的保養品；有些還轉成提貨券的形式，就是櫃姐避免小玉會以用不完拒絕的推銷方法。

更有甚者，還會用隔壁大戶的購買金額，來逼小玉買單更多不需要的東西。後來在「金錢整理」的過程中，小玉養成記帳習慣時，發現了自己的「討好型人格」。

這樣的人格會讓她尋求避免衝突，但往往是在讓自己委屈。讓別人開心的代價，就是犧牲了自己。當櫃姐問小玉預算多少時，小玉跟她說預算三千元，櫃姐就會推銷三千元×12期的產品，有的甚至到36期那麼誇張！

是的，你沒聽錯——是乘，不是除。

這麼大量的東西一次當然用不完，所以櫃姐會給她提貨券，日後隨時都可以取貨；但為了業績計算方式，又會在未來的某一天請她趕快提貨。為了息事寧人，小玉往往默默吃下這筆帳，直到現在還扛著這筆分期，得每個月還款。

這樣的人格是怎麼來的呢？小玉告訴我，她從小為了生存學會看媽媽的臉色，導致自己處事上也會儘量不要得罪人。

從原生家庭所發展出來的討好型人格，讓她總是選擇彼此衝突最小的方案，而這往往會委屈了自己。

當你總是先滿足別人的需求，你當然就不會有錢，你必須學會「先支付給自己」。

整理金錢的過程，不是只有碰觸金錢議題，所有你發生的金錢困擾，都跟你的心有關。唯有帶著覺察去整理金錢，才能找到根源，進而改善。就像我是為了「嫁妝錢」儲蓄，而小玉的消費習慣源頭是「討好媽媽」。

當這些都釐清後，找出怎麼樣才不會被推銷的方法，養成不會被推銷的體質，以後這筆開銷就可以存下來了。雖然小玉還是難以抵抗櫃姐的推銷話術，但她可以選擇不要主動接近並遠離。

我們或多或少都有一條習慣鐵鍊，不管是哪一條，當你察覺並展開第一步行動，就是成長的開始了。因為除了你自己以外，**沒有什麼可以困住你**。

接下來小玉就從原本無意識亂買負債型物品，轉變為有意識地買對自己有幫助的資產，自然就不再亂花錢。她甚至更進一步，為了想達成自己的人生目標跟財務目標而努力開源節流，向我學習販售二手的技巧，找出更多不需要的二手物品來賣。這也讓她的空間又變得更清爽了。

財富自由人人都想要，但又有多少人知道一個月該存多少、該存多久，要靠什麼方法才能達成呢？就算知道了，當你還沒整理好自己跟物品的關係，還沒好好認識自己真正想要的是什麼，你很難耐得住誘惑來實踐。

還記得我在**1-1**曾經提過的《牧羊少年奇幻之旅》嗎？別急著往外追尋，先開始整理物品跟自己吧！你會發現財富自由的關鍵答案，就在你心中。

跟小印學整理空間跟整理金錢

如果你覺得目前的空間狀況或是財務狀況讓你被困住了，歡迎你來找我學習。投資自己，從雜物中脫困，擁抱自由人生。

https://reurl.cc/9OGY6X

後記：斷捨離是一輩子的功課

斷捨離是一件一輩子的功課，不限於物品，還包括了生活跟工作上所面臨到的各種抉擇。

在寫這本書的時候，我最終絞盡腦汁寫了十二萬字；但後來發現：一本書其實只要有六到八萬字就能出版。這意味著我其實寫了兩本書的量，最後必須刪除近一半的內容，才能落在一本書容納得下的字數。

這時的我，又碰上了斷捨離的難關了。

就像五年前開始大量斷捨離的我，念舊惜物，但怕被爸爸趕出家門，不得不開始；為了讓書籍順利出版，我不得不去蕪存菁，忍痛割捨從我腦中長出來的文章與知識。

為什麼說是忍痛呢？

老實說，我過去並未接受過正規的寫作訓練跟課程，只是在網路上持續寫了四年，寫得比我好的人多的是。但在我心中有想要對你說的許多話，想要好好透過一本書來傳達我的理念：「讓人越整理、越豐盛，展開自由人生。」

但從去年開始動筆後，我其實感到很迷惘。雖然我在整理跟財務領域是專家，不過我懷疑自己沒有成為作家的資格。明明早在半年多前就列好大綱，也已經訂好每篇文章的主題，但有幾個夜裡，我對著電腦上空白的WORD檔流淚——我一個字都寫不出來。

當時我內心充滿負面小劇場：「寫書這件事對我來說是不是太早了？」「我會不會寫了一本根本就對任何人都沒有幫助的書，還害出版社虧錢？」「出書後會不會被人批評：這樣的寫作能力還敢出書！」以上完全就是我前面提到的「對未來的不安」。

於是我將目光拉回當下，想辦法精進自己的寫作能力。在接下來的一個月，我寫寫停停、刪刪改改，找了兩本書學習怎麼設定文章架構，但這一切都不可能速成，必須經過長期練習。我一度絕望想放棄，覺得自己應該要先花一年學習寫作技巧，再來寫書。

我將這樣的煩惱向先生清宏傾訴，他聽完後覺得我在自尋煩惱。他說：「不管是什麼樣的內容，只要讀者看完後，其中有一個觀點對他人生有幫助，那他付費買這本書就值得了。」

這其實也是我在推廣閱讀時的理念，但怎麼偏偏我自己寫書時就忽視了呢？

於是我在九月中旬，離截稿不到一個月、覺得快要來不及時，重新畫了甘特圖，排定每天的寫作計劃，從早寫到晚，儘量每天都產出五千字。甚至有幾天產出各一萬字，急起直追，直接將我腦中的想法傾洩而出，終於讓我寫出了可以出兩本書的字數。

過程中非常感謝家人願意讓我寫出與他們相關的內容，也特別感謝《有一種工作，叫生活》作者曾彥菁老師撥冗閱讀我的書稿，當面給我很多實質回饋跟調整方向。感謝

《不是我人脈廣，只是我對人好》作者吳家德老師致電給予寫書注意事項，感謝晏嵐、松筠、日文專職翻譯佩玟、未來作家雅甄、秋帆、恬雲、季成幫我看部分稿件，你們的意見都很受用。謝謝你們撥出寶貴的時間，幫助我讓這本書更加完善。

經歷這樣痛苦的歷程，將知識從腦中化為實體文字，就像女性懷胎十月，每個字都是我的孩子，你說，我怎麼能輕易刪得了呢？還好有我的編輯妤安透過讀者立場，堅定且溫柔地建議我刪減增加內容，等待我半個多月的時間修訂稿件，這本書才得以出現在你面前。

就算我經歷了兩年斷捨離，而後教導許多人整理，協助他們留下對目前的自己最需要的物品，但我對自己仍有沒自信的時候。我有時仍對選擇有所迷惘，甚至也有後悔選錯的時刻。但斷捨離不只是淘汰物品，而是攸關整個人生面向的選擇，是一輩子的功課，我也一直都在學習。如果因為害怕或沒自信就不去行動，人生不會有任何改變。一直很慶幸我在五年前踏出了斷捨離的第一步，讓我現在能過著意想不到的人生。

希望下次見面時，你我都有所成長。祝福你我在這世上，都能成就自己想要的人生。

免費電子報訂閱

如果你喜歡我的文字跟內容，歡迎你訂閱我的電子報，讓我的文字繼續陪伴你，一起走下去。

免費電子報： https://reurl.cc/NpAvbe

參考資料

①艾菲：《直擊本質的思考力：菁英如何突破盲點、抓住問題根源、做出精準決策，解決所有難題》（頁25）。臺北：高寶，2020年。

②古賀史健、岸見一郎：《被討厭的勇氣：自我啟發之父「阿德勒」的教導》（葉小燕譯）。臺北：究竟，2014年。

③保羅．科爾賀：《牧羊少年奇幻之旅》（周惠玲譯）。時報出版，1997年。

④維基百科：〈五個為什麼〉。https://zh.wikipedia.org/wiki/%E4%BA%94%E4%B8%AA%E4%B8%BA%E4%BB%80%E4%B9%88

⑤《紅盒子》。導演：楊力州。後場音像紀錄工作室有限公司，2017年。

⑥T. Harv Eker：《有錢人想的和你不一樣》。臺北：大塊文化，2005年。

⑦維基百科：〈損失規避〉。https://zh.wikipedia.org/wiki/%E6%8D%9F%E5%A4%B1%E8%A7%84%E9%81%BF

⑧維基百科：〈稟賦效應〉。https://zh.wikipedia.org/zh-tw/%E7%A6%80%E8%B5%8B%E6%95%88%E5%BA%94

⑨維基百科：〈柏拉圖法則〉。https://zh.wikipedia.org/wiki/%E5%B8%95%E7%B4%AF%E6%89%98%

98%E6%B3%95%E5%88%99

⑩山下英子（2020）：《新・斷捨離【10週年全新增訂版】：斷絕不需要的東西，捨棄多餘的廢物，脫離對物品的執著，改變650萬人的史上最強人生整理術再進化！》（王華懋譯）。臺北，平安文化，2020年。

⑪林奇伯：〈薩提爾「冰山理論」：挖掘部屬渴望，讓他自己動起來〉。Cheers快樂工作人雜誌，192期，2016年。https://csr.cw.com.tw/article/39894

⑫許皓宜：《為何上班這麼累？其實是你心累：心理學家的職場觀察》。臺北：商業周刊，2016年。

⑬蘭蒂・祖克柏：《選3哲學：聚焦3件事，解決工作生活兩難，搞定你的超載人生》（周怡伶譯）。臺北：遠流，2019年。

⑭羅勃特・T・清崎：《富爸爸，窮爸爸（十週年紀念版）》（MTS翻譯團隊譯）（頁103、135）臺北：高寶，2009年。

⑮https://shop.darencademy.com/product/view/id/29

⑯《鐘點戰》。導演：安德魯尼寇。福斯，2011年。

⑰行政院主計總處：消費者物價指數（民國105年＝100），主計處網頁，111年2月。https://www.dgbas.gov.tw/point.asp?index=2

⑱黃維德：〈再也沒有終生退休金的時代 你還在倚賴朝九晚五的工作？〉。天下雜誌網頁，2017年。

https://www.cw.com.tw/article/5081033

⑲ 艾莉絲・施洛德：《雪球：巴菲特傳》（楊美齡等譯）。臺北：天下文化，2008年。

⑳ 正和島／陳一竹：〈巴菲特：我一生99%的財富，是在50歲以後獲得的〉。今周刊網頁，2019年。https://www.businesstoday.com.tw/article/category/80401/post/201912020037/

㉑ 張詠晴：〈為時未晚！巴菲特99%的財富50歲以後才賺到〉。天下雜誌網頁，2015年。https://www.cw.com.tw/article/5072553

㉒ 樂羽嘉：〈巴菲特：具備一種罕見領導特質，才能成功〉。天下雜誌網頁，2020年。https://www.cw.com.tw/article/5102338

㉓ 維基百科：〈72法則〉。https://zh.wikipedia.org/zh-tw/72%E6%B3%95%E5%89%87

㉔ 維基百科：〈財務自由〉。https://zh.wikipedia.org/wiki/%E8%B4%A2%E5%8A%A1%E8%87%AA%E7%94%B1

㉕ 李美虹：〈你知道退休金多少才夠嗎？善用4%法則 提早退休不是夢〉。Money錢網頁，2020年。https://www.moneynet.com.tw/article/11291/ 退休金準備900萬就可以善用4法則提早退休不是夢

㉖ 同註釋⑭。

㉗ 台灣金融研訓院：《2020台灣金融生活調查》。台灣金融研訓院網頁，2021年。https://web.tabf.org.tw/if/materialDetail?catId=3

㉘〈一生換屋數 平均增加至四次〉。人間福報網頁，2006 年 9 月 11 日。
https://www.merit-times.com/NewsPage.aspx?unid=25258

㉙維基百科：〈需求層次理論〉。https://zh.wikipedia.org/wiki/%E9%9C%80%E6%B1%82%E5%B1%82%E6%AC%A1%E7%90%86%E8%AE%BA

財富自由的整理鍊金術

斷捨離變身金錢魔法，打造心靈 × 空間 × 時間 × 財務自由人生！

作　　者／整理鍊金術師小印
執行編輯／顏妤安
行銷企劃／劉妍伶
封面設計／陳文德
版面構成／呂明蓁
發行人／王榮文
出版發行／遠流出版事業股份有限公司
地　　址／臺北市中山北路一段 11 號 13 樓
客服電話／ 02-2571-0297
傳　　真／ 02-2571-0197
郵　　撥／ 0189456-1
著作權顧問／蕭雄淋律師
2022 年 3 月 31 日　初版一刷
2022 年 6 月 30 日　初版三刷
定價新台幣 340 元

ISBN ／ 978-957-32-9498-6
遠流博識網／ http://www.ylib.com
E-mail ／ ylib@ylib.com
（如有缺頁或破損，請寄回更換）

■國家圖書館出版品預行編目 (CIP) 資料■

財富自由的整理鍊金術：斷捨離變身金錢魔法，打造心靈 × 空間 × 時間 × 財務自由人生！ / 整理鍊金術師小印著 . -- 初版 . -- 臺北市：遠流出版事業股份有限公司, 2022.03
　面；　公分
ISBN　978-957-32-9498-6(平裝)

1.CST: 個人理財

563　　111003161